经济管理理论及其发展新趋势

卫　立　仲帅帅◎著

中国出版集团　现代出版社

图书在版编目（ＣＩＰ）数据

经济管理理论及其发展新趋势 / 卫立，仲帅帅著
. -- 北京：现代出版社，2023.10
ISBN 978-7-5231-0540-5

Ⅰ.①经… Ⅱ.①卫… ②仲… Ⅲ.①经济管理－理
论研究 Ⅳ.①F2

中国国家版本馆CIP数据核字(2023)第179840号

著　　者　卫　立　仲帅帅
责任编辑　姜　军

出 版 人　乔先彪
出版发行　现代出版社
地　　址　北京市安定门外安华里504号
邮政编码　100011
电　　话　(010) 64267325
传　　真　(010) 64245264
网　　址　www.1980xd.com
印　　刷　北京四海锦诚印刷技术有限公司
开　　本　787mm×1092mm　1/16
印　　张　10
字　　数　202千字
版　　次　2023年10月第1版　2023年10月第1次印刷
书　　号　ISBN 978-7-5231-0540-5
定　　价　58.00元

前　言

在社会的发展过程中，经济与科技的水平在随之不断地提升；与此同时，市场竞争方面也越演越烈。在市场经济体制下，传统的管理模式早已满足不了当前社会企业的发展需求，要想让企业能够健康发展，就需要在实际的工作过程中不断改进，并根据实际的发展情况有针对性地对管理模式进行创新与改进，才能从根本上实现社会经济的可持续发展。所以，就必须要求新的社会经济管理模式符合当前的发展趋势，通过不断引进并应用先进的科学技术来推进我国社会经济的发展。

本书从经济管理的基础理论谈起，分析了经济管理的主要内容、经济管理的效益与评价、管理与管理者，以及管理决策等内容。在此基础上，从微观与宏观视角对经济管理进行了解读，指出大数据时代财务经济管理的创新。最后将数字经济与管理相结合，进一步分析了数字经济给企业创新管理带来的变化，更好地进行企业创新、管理各项工作，促进我国企业适应数字经济飞速发展的需要。

随着现代科技与经济的不断进步与发展，经济管理走向现代化模式的普及与实现早已是大势所趋。但要想真正地落实现代化管理却并不是一件容易的事情，它是需要处在一种循序渐进的模式下的，也要同时确保在这个现代化的道路上始终保持着创新，通过对对策的不断改进来抓住目前经济发展的新特征，且把握住新时代发展的形势与脉搏。这样才能从根本上提升现代化的经济管理水平，才能确保管理能够真实有效地落实，来更好地服务人民群众。

写作本书是一次新的探索，由于时间紧、任务重，本书的缺点和错误在所难免，敬请广大读者批评指正！本书引用了国内有关教材、书籍和论文的相关资料，在此对其作者深表感谢！

目　录

第一章 ▌经济管理理论

第一节 管理理论前沿

一、核心能力理论

(一) 核心能力的构成要素

企业的核心能力所包含的内容既丰富又复杂，所涉及的内容较为广泛，主要包括以下三个方面。

1. 研究与开发能力

应用研究是为了获得新知识而进行的创造性研究，它主要针对某一特定的实际应用目的，可以连接基础研究和技术开发。技术开发是指利用从研究与实际经验中获得的现有知识或从外部引进的技术与知识，为生产新的材料、产品，建立新的工艺系统而进行实质性的改进工作。

2. 创新能力

社会在不断进步，企业想要保持发展与竞争的优势，就需要不断创新，创新就是根据市场变化，在企业原有的基础上，不断优化资源配置，重新整合人才，寻找不足之处，不断改进，以更加贴合市场需求，进而实现企业的初级目标，使企业的产品、技术、管理不断创新。企业创新的主体是生产一线的管理层、技术层、中间管理层。

创新能力要求创新主体在生产经营活动中，善于敏锐地察觉旧事物的缺陷，准确地捕捉新事物的萌芽，提出相关的推测与设想，再进行进一步的论证，并准确地实施。创新能力与创新主体的知识素养、思想意识、心理特点以及社会环境具有紧密的联系。

3. 转换能力

将创新意识与创新技术转换为可实行的工作方案或者产品，创新研究与开发才是有价值的。转换能力作为企业技术能力管理的重要因素，转换的过程也就是创新的进一步深化。创新只有转换为实际效益才是真正意义上的创新。转换能力在实际应用中的技能表现，如下所示。

第一，综合。将各种技术、方法等综合起来，形成一个可实施的综合方案。

第二，移植。将其他领域的方法移植到本企业的管理与技术创新中。

第三，改造。对现有的技术、方法、设备进行改造。

第四，重组。对现有的方法、过程、技巧，根据企业的现实情况以及社会的需求，进行重新改造，不断优化。

由于客观世界无时无刻不在发生变化，企业的决策者需要根据这些变化来做出及时的判断，还需要有敏锐的感应能力，这样才可以根据各种客观条件的变化做出适当的调整。

（二）核心能力的基本特征

1. 技术经济性

企业核心能力既包括技术因素又包括经济因素。单纯的发明创造只是停留在技术性的层面上，只有将发明创造应用于生产，转化为现实生产力，产出一定的经济效益或者社会效益，这才是企业的技术能力。

2. 非均衡性

承认核心能力的渐进性，并不否定其革命性。创新和研发能力是核心能力的本质体现，而创新和研发过程是充满风险和不确定性的。在这一过程中既有继承性的技术渐进发展，又有突变性的技术革命。正是这种革命性才使企业的竞争既充满成功的机遇与希望，又具有失败的压力与风险，正是这种革命性推动着经济的发展和飞跃。

3. 整体性

不能只依靠一种能力或者一项技术就来判断企业的核心能力，而应兼顾企业的技术水平、设计能力、生产能力、经济实力等的综合能力的表现。除了技术因素，企业的核心能力还与企业的文化建设、员工的知识素养等非技术因素有关系。换句话说，核心能力就是企业的综合能力。核心能力一旦形成，竞争对手在短时间之内是很难模仿的。

4. 动态性

企业的核心能力并不是一成不变的，需要根据时代的发展要求，不断强化自己的核心能力，企业的核心能力若只是固守在一个阶段或者是依靠一种技术，那么它的优势也会随着时间慢慢丧失。只有与时代的发展相一致、与科技的进步相一致，这样才可以保持企业的优势。

5. 渐进性

一些非关键性技术或者通用技术是可以在市场通过购买获得的，企业的技术能力是无法通过金钱购买的。企业的核心技术也不会一朝一夕就能形成，而是长时间知识技术的积累与经验的获得。

（三）影响核心能力形成的要素

①企业文化与企业的凝聚力。

②企业决策者的素质与能力，企业员工的知识素养。

③企业的经济资本。

④企业创新机制。

⑤企业的技术力量。

（四）核心能力评价

作为企业综合素质的重要体现，核心能力会根据企业的不同性质，制定不同的衡量标准。因此，想要全面评价企业的核心能力，并不容易。只能说做到相对的客观与公正，结合定量与定性这两个方面的评价标准，力求公正、客观、科学地评价企业的核心能力，主要指标如下所示。

①企业专利成果发明数量。该指标主要反映企业研究开发能力的效果和科技水平领先程度，也综合说明了企业技术能力的强弱。

②企业拥有的核心科技员工的数量。作为企业科技力量的体现，所拥有的科技员工越多，说明企业的科技力量越强大。

③企业产品占有市场份额的多少。该指标反映了企业产品的市场渗透能力。

④企业在消费者中的满意度。消费者是企业经济效益的直接决定者。消费者满意，就会为企业带来更多的利益。

⑤企业产品的相关技术的更新速度。作为企业的核心竞争力，更新的速度越快，产品与技术的竞争力也就越大。

⑥企业适应市场的能力。市场消费需求变化日新月异，企业必须有适应市场的能力，这样才能及时推出适合的产品。

⑦企业要有与自己技术相关的衍生产品。

通过对上述因素的分析，核心竞争理论作为管理理论中的重要组成部分，在选择哪些因素可以成为核心竞争力的同时，还需要关注核心竞争力的创新研究。想要培养核心竞争力，就需要重视企业的预判能力。企业需要根据员工的需求、社会的发展趋势以及技术的更新方向，合理地构想出市场对未来企业的需求与定位，培养出新的核心竞争力，使企业拥有竞争的优势，不被时代所抛弃。

二、知识管理理论

（一）知识管理概述

1. 知识管理的定义

知识管理简单地说就是以知识为核心的管理。具体讲就是通过确认和利用已有的和获取的知识资产，对各种知识进行连续的管理过程，以满足现有和未来的开拓新市场机会的需要。知识管理的出发点是把知识视为最重要的资源，最大限度地掌握和利用知识作为提高企业竞争力的关键。

2. 知识管理涉及的方面

知识管理要求员工可以分享他们所拥有的知识，并且对可以做到的员工给予鼓励。知识管理主要涉及以下五个方面。

①技术方面。

②过程方面。

③员工方面。

④组织结构与企业文化方面。

⑤评价方面。

（二）知识管理的基本职能

1. 外化

外化首先包括一个强大的搜索、过滤与集成工具，它从组织的外部知识与内部知识中捕获对企业现在和未来发展有用的各种知识；其次是外部储藏库，它把搜索工具搜索到的知识根据分类框架或标准来组织它们并存储起来；最后是一个文件管理系统，它对储存的知识进行分类，并能识别出各信息资源之间的相似之处，基于此，可用聚类的方法找出企业知识库中各知识结构间隐含的关系或联系。外化的作用是通过内化或中介使知识寻求者能够得到所捕获、搜索到的知识。

2. 内化

内化是指通过各种各样的方法发现与特定消费者的需求相关的知识结构。在内化的过程中，需要对知识进行过滤，来进一步确定相关的知识，并将这些知识传递给需要的人。

内化可以帮助研究者就特定的问题进行沟通。在内化的高端应用软件中，提取的知识可以最适合的方式来进行重新布局或呈现。文本可以被简化为关键数据元素，并以一系列图表或原始来源的摘要方式呈现出来，以此来节约知识使用者的时间，提高使用知识的效率。

3. 中介

内化的过程注重明确、固定的知识传送。中介就是针对一些没有编码存储于知识库的知识，将知识寻求者与最佳知识源相匹配。通过对个体的深度挖掘，中介可以将需要研究的特定课题的人或者与之相关的人聚集在一起。

4. 认知

认知是上述三项职能交换之后得出的知识的运用，也是知识管理的最终目标。现有的技术水平很少能实现认知过程的自动化，大部分都是利用专家系统或人工知识智能技术做出的决策。

（三）知识经济时代企业管理的模式

企业想要在知识经济时代站稳脚跟，就需要适应知识经济时代的发展，制定合理的企业管理模式，注重在管理上的创新，主要体现在以下五个方面。

①注重知识的作用，实现智力资本的管理。

②重视全球化的作用，增强现代意识管理。

③重视竞争的作用，实现人才的激励管理。

④注重生态意识，实现生态营销。

⑤注重技术的更新与升级。

三、人本管理理论

（一）人本管理的内涵

人本管理是管理学中的重要组成部分，这项理论的提出已经有一段时间，只是尚未形成统一的认识。不管是中国的古代文化，还是西方的各个管理学派，对于人本管理的认识都是各执一词，但是他们的观点对人本管理的发展具有重要的影响，不断丰富着人本管理的内涵。

（二）人本管理模式

1. 生涯管理模式

作为人力资源管理内容的生涯管理，向人们昭示体现真正意义的人本管理模式的出现。生涯管理可以从两个方面去理解。从组织层面上，可以理解为：企业从组织目标和员工能力、兴趣出发，与员工共同制订和实施一个符合企业需要的个人成长与发展计划（此时多称为生涯管理）；从个人层面上，可以理解为：员工为寻求个人的发展，而与企业共同制订和实施的既能使个人得到充分发展又能使企业目标得到实现的个人发展计划。生涯管理是在人类社会发展到一定阶段出现的一种全新的管理理念和管理模式。

第一，它是劳动者工作动机高层化与多样化的结果。由于社会经济的不断进步，人们的收入水平也有所提升，获取经济收入只是人们参与就业的目标之一。人们在参与生产劳动的过程中，同样希望丰富自己的社会经验，增加社会交往，提升自己的社会地位。他们也希望获得更多的权利，参与管理，有更多的机会展示自己、提升自己。

第二，脑力劳动逐渐取代体力劳动，传统的过程管理模式已经不再适用于现代的经济发展，管理的效果也并不能使大多数人满意，生涯管理的方式更符合现代企业的要求。

第三，在市场经济条件下，企业的竞争压力越来越大。适应市场经济变化，更新产品的功能与品牌形象，需要企业员工能力的进一步加强，还需要企业优化员工的配置。

第四，员工希望企业可以照顾到个人的素质和兴趣特点甚至系统的素质开发与配置，为自己以后的成长与发展奠定良好的基础，这样才有可能实现个人的多重发展。

传统的人事管理必须要做出一定的改变才可以适应社会的发展要求。生涯管理消除了传统人事管理的弊端，将人力资源的各项内容有机地整合在一起，使人员配置得到进一步优化，从而调动员工的积极性。生涯管理这种模式可以说是人本管理最好的体现模式。

2. 能本管理模式

管理理念是支撑组织发展的核心文化精神，是组织文化的深层价值。能本管理的理念是以能力为本的。具体来说，现代形态的文化价值观，应建立在能力价值观的基础之上，要以能力价值观为主导来支撑和统摄其他价值观（如利益、效率、个性、主体性、自由、平等、民主、创新等）；而且当"权位""人情""关系""金钱""年资""门第"同"能力"发生冲突时，应让位于"能力"；在市场经济、知识经济和现代化建设条件下，人生的一切追求、一切活动应围绕如何充分正确发挥人的能力；人要依靠能力来改变环境，依靠能力立足，并实现个人价值，依靠能力来为社会工作；在对组织和成员的行为表现进行评定和奖惩时，应首先看其能力发挥及其为社会做出贡献的情况。

能本管理对组织与成员之间关系的要求是，组织既要引导成员通过努力来实现自身的价值，还要发挥成员的优势，为组织、国家、社会做出贡献，进一步实现个人的价值。同时也要求组织为每一名成员营造良好的环境，提供相对公平的机会，引导成员将个人目标与组织目标联系在一起，使组织与成员成为共同体，将组织的发展与个人的发展联系在一起，实现组织与个人的共同发展。

努力消除维持型组织，建立一个创造型组织，逐步实现文化创新、制度创新、组织创新和技术创新；努力消除经验型组织，建立一个学习型组织，即从组织结构、形态和制度设计到组织成员的理念、价值观、态度、心理、思维和行为，都应具有强烈的自我组织、自我调整、自我发展和自我完善的能力，使成员具有主动地驾驭组织的目标和任务，并能适应外部环境变化的意识和能力，而这些能力形成的一个重要途径，就是组织对其成员的教育和培训，使成员在组织中能得到"终身学习"和"持续培训"。因此，组织应建立科学的教育培训体系，加大教育培训的力度；还要逐渐消除形式型组织，建立一个实效型组织，使组织注重实效，反对形式主义，增强组织的实力和活力。

能本管理对组织成员的要求是，进一步挖掘成员的潜能，优化人员配置，使成员的才能得到进一步的发挥与展现，成员可以通过不断学习来提升自己的能力，通过取得的成绩来证明自己的努力。

能本管理在用人制度上，尽量避免根据领导的喜好或者人情关系来选拔人才。选拔人才的标准应建立在公正、公平、公开的原则上，将合适的人放在合适的岗位上才是最重要的。

四、再造理论

（一）再造理论的特点

①向基本信念挑战。

②彻底性。

③大跃进式的发展。

④从业务流程着手。

（二）企业再造

1. 企业再造的核心领域——业务流程

企业再造的核心领域是业务流程，企业再造的关键技术就是重整业务流程。业务流程是企业为满足顾客需求，通过输入各种原料，以创造出符合顾客需求的产品或服务的一系列活动。在业务流程再造前，企业首先应深入分析原有的业务流程，发现其中的不足之处，其次分析和论证业务流程的重要性、问题的严重性以及再造的可行性，以便安排业务流程再造的顺序。由于企业资源有限，不能对所有业务流程进行改造。因此，一般优先选择对顾客利益影响最大的流程进行再造，如影响产品特色、交货期限和产品成本的流程。

2. 业务流程改造的策略

业务流程改造的基本原则是：执行流程时，插手的人越少越好；顾客了解流程时，越简便越好。依据这一基本原则，企业的业务流程改造可采取以下策略。

①合并工序。企业可利用相关技术，将原有的被分割成许多工序的流程按其自然形态合并起来，以提高效率。

②共享信息。可将业务流程中一些完成工序的人员结成团队，共同完成流程改造，团队之间能共享信息，减少工序交接的问题。

③同步流程。将原有的平行式流程和连续式流程转变为同步流程。平行式流程是指划分流程中的所有工序，所有工序同时独立进行，最后将各个工序的部件进行汇总。连续式流程是指按照流程顺序完成工序，流程中的后一道工序要在前一道工序完成的情况下进行。平行式流程和连续式流程的缺点是运转速度慢，流程周期长。同步流程是指多道工序同时进行，各道工序之间可以随时沟通。企业实施同步流程能提高运转速度，缩短运行周期，有效提高流程运转的效率。

3. 业务流程改造之后的优势

①没有装配线。改造后的流程将原本被分割的工序重新组合回去或者将几道工序压缩成一道工序。在新流程中，由服务专员或团队专门解决顾客的问题和需求。通过压缩平行的工序，装配线自然消失了，同时减少了监督工作，也精简了工作人员。

②提高员工的决策权。新流程压缩了工序，组成了工作团队，垂直的等级制被压缩，减少以往需要层层上报的程序，员工拥有一定的自主决策权。

③提高工作效率。在新流程中，几乎所有的工序都可以通过信息处理系统同时进行，以缩短运行周期，有效提高工作效率。

④多样化服务。传统业务流程主要遵循标准化生产理念，以不变应万变，所有问题都以同一种模式来处理，整个业务流程刻板僵化。改造后的业务流程具有灵活应变的能力，提供多样化的服务方式。

⑤超越界限。传统业务流程中，企业内部之间和企业与外部之间有一条行为、权利的界限，改造后的业务流程为提高流程运转的效率，可超越界限行事。

⑥减少审核与监督。在传统业务流程中，许多工序被分割，需要将分割的工序进行审核和监督后重新组合。改造后的流程合并了一定的工序，减少了连接点，也就减少了审核与监督，在一定程度上避免了企业中的冲突。

⑦企业享有集权与分权的好处。通过改造业务流程，能克服传统流程管理中集权与放权的弊端。新流程管理的主要思想是放权，建立自我管理的工作团队。在新流程中，企业能通过现代信息技术实时掌握各工序的运行情况，节约了审核与监督的成本。

(三) 企业再造的同步工程

企业再造需要同步工程的应用，在企业进行整合业务流程的过程中，也需要整合企业的相关内容，主要内容如下。

①重新整合企业价值观。

②重新设计工作方式。

③重新设计考评体系。

五、管理创新理论

(一) 管理创新的内容

1. 社会整体目标创新

知识经济时代要求企业管理在追求自身目标的同时，还需要与整个社会的发展目标相联系。不仅要让顾客满意、员工满意、投资者满意，还要让社会满意，这就是全方位满意的管理原则，以丰富社会整体目标。

2. 精神激励创新

在传统的工业经济管理中领导者注重物质激励，对于精神激励并不重视。根据马斯洛的需求层次理论，领导者更应注重人的精神需求。现代企业也不应该再满足于表扬、奖赏等传统的精神奖励，而应该创新精神奖励，赋予员工更多的责任与权利，使员工认识到自己的责任,充分调动自身的主动性与创造性。除此之外,还要重视精神奖励的及时性。

3. 组织文化建设创新

传统的工业管理最为重视规章制度等管理,现代知识经济管理重视组织文化管理。企业文化建设已经成为企业建设中的重要组成部分,实现组织文化管理,在知识经济时代下,不管是企业内部还是企业外部原有竞争者将普遍联合,选择合作机制,在和谐的文化氛围中共同开拓与培育市场。

4. 知识管理目标创新

将信息与人、信息与过程、信息与信息联系在一起,实现更多的创新。通过将信息与人的认知能力结合在一起,进一步产生知识、运用信息创造知识,实现知识管理的目标。

5. 集体知识共享和技术创新

知识经济中员工的重要性不仅取决于他以前的知识掌握情况,更在于他不断学习,不断创新知识,将新的知识运用到实际中。培养员工这种潜力,实现员工之间的共享与集体拥有知识,作为企业竞争的核心所在,可以满足知识经济管理的要求。

(二) 管理创新的空间

1. 企业外部环境的变动导致管理创新空间的存在

企业作为市场活动的主体,在进行市场经济活动的过程中,不可避免地会与外界的企业发生联系,甚至还会影响到企业内部的资源交换与配置。同时,对原来企业的运行方式产生影响。对企业外部影响较大的因素主要有以下四种。

①市场结构的变动。

②经济周期性波动。

③政府、竞争对手及消费者。

④制度变迁和政策效应的影响。

2. 企业内部资源配置的复杂性导致管理创新空间的存在

随着社会的发展,市场完善需求的复杂化,企业内部资源配置呈现复杂与简单两种趋势。

一方面,由于科学技术的进步,大规模自动化设备的产生,产品生产规模化、简单化,对员工的操作要求并不高。

另一方面,面对市场需求的复杂性,企业只有开拓管理创新空间才可以实现销售产品的目的,才可以实现市场销售观念的转变,具体从以下三个方面得到论证。

首先，区分好作为管理对象的人与管理主体的人。企业中的人，是重要的资源要素。人既是管理主体也是管理对象。人的劳动成果只有在投入资源配置的过程中与大生产的要素相结合，才可以创造出应有的价值。分工协作作为工业化提高劳动生产效率的重要手段，因为分工不同，在最终产品中难以确定每一个劳动者的劳动贡献，很容易出现在生产过程中员工"搭便车"的行为。

其次，技术的进步速度加大了学习的难度。技术进步既是企业资源配置的内在变量又是外在变量。技术的进步速度日新月异，技术越先进，企业的竞争优势也就越大。企业在追求利益最大化的同时，也要追求最经济的方式，节约企业的成本，追求技术创新。

最后，深化资源配置对象的发展。伴随着经济的不断发展，企业的可利用资源也在不断深化，原来不被人们重视的材料，可能成为企业生产的重要资源。

（三）管理创新行为与范式

动机与管理创新需求作为主要的内在因素，在管理创新理论中占据重要的地位。动机就是产生某种行为的内在动力，包括心理需求与满足感。管理创新需求是管理创新主体对某种创新目标实现的欲望，也就是管理创新主体希望自己的创新能力可以得到体现。

从一定程度上讲，管理创新需求是人的最高层次的需求。由管理创新需求产生的管理创新行动可以协调组织行为，提高活动的效率。它们之间可以平行进行，也可以交叉进行。因为不管采用哪一种模式，都是为了实现管理创新主体所设定的目标。管理创新行为没有固定的模式，但是有基本原则与规律，即范式，主要包括管理创新的原则、管理创新的边界以及管理创新的模式三个部分。管理创新的原则是管理创新的基准与出发点；管理创新的边界给定了一个具体管理行为的可行域、管理创新目标的达成域；管理创新的模式是管理创新本身的一个系统流程。实际上，不管是普通的员工还是领导者，在考虑进行创新时都需要考量以上三点，要不然只能停留在口头而不能落实到行动中。

六、市场供应链管理

（一）供应链管理的概念

供应链管理是指对整个供应链系统进行计划、协调、操作、控制和优化的各种活动和过程，其目标是要将顾客所需的正确的产品能够在正确的时间、按照正确的数量、质量和状态送到正确的地点，并使总成本最小。

(二) 供应链管理的基本思想

与传统的企业管理相比，现代供应链管理体现了以下五个基本思想。

①系统观念。

②共同目标。

③主动积极的管理。

④采取新型的企业与企业关系。

⑤开发核心竞争能力。

(三) 供应链管理过程

供应链管理的过程主要分为四个阶段。

①竞争环境分析。准确识别企业供应链所面对的市场特征，掌握第一手的资料。

②企业现有供应链诊断。采用合适的方法与技术进行供应链分析。

③供应链的开发与设计。通过供应链诊断找出对顾客满意度有影响的因素，重新进行供应链的开发与设计。

④供应链改进方案的实施。形成供应链管理所设定的最初目标。

(四) 供应链管理的方法

在时间上重新规划企业的供应流程，以充分满足客户的需要。推迟制造就是供应链管理中实现客户化的重要形式，其核心的理念就是改变传统的制造流程将体现顾客个性化的部分推迟进行，在整个供应系统的设计中，应该对整个生产制造和供应流程进行重构，使产品的差异点尽量在靠近最终顾客的时间点完成，因而充分满足顾客的需要。这种对传统的制造流程进行重构的做法实际上与当前流行的企业再造是一致的。

在地理空间位置上重新划分企业的供销厂家的分布情况，降低企业的经营成本。供应厂家与销售厂家的合理布局，会减少时间的浪费，更快地将生产的产品输送到消费者的手中。企业与供销厂家之间的沟通协作，可以进一步减少运输以及存储费用，降低企业的经营成本。

在供应链管理中，需要实现生产商对所有的供应厂家的制造资源进行统一的收集与协调。企业的供应厂家不止一家，为了更好地完成用户目标，就需要对所有的供应厂家的生产资源进行统一规划与协调，将它们视为一个整体。

第二节 经济管理的主要内容

一、经济管理的性质

从微观经济层次的角度，对一系列社会现象进行深入的分析，促进政策的运行，对市场中存在的"市场失灵"等问题进行分析，制定相关的经济政策，实现收入的公平分配。还可以通过制定相关的货币政策、财政政策、收入政策等，进一步保障经济的平稳运行，政府通过对货币以及汇率制度进行标准化的管理，确保国际收支平衡。

在微观经济学中，通过对个体经济、单位经济行为的研究，来体现西方经济市场机制的运行与作用，在这个过程中，发现这种经济运行的不足，改善相关问题。其主要的组成部分为：市场结构理论、生产要素收入分配理论、消费者行为理论、生产成本理论等。这些经济理论共同构成了公共部门经济学的主要研究工具。公共部门经济学的理论发展，也应该感谢微观经济学的发展。

经济管理是指经济管理者与管理机构为了实现特定的目标，对社会经济活动进行事前分析、决策、计划、控制、监督的过程的综合。经济管理作为人们进行共同劳动的一种客观要求，也是一个复杂且庞大的过程，更是一个有机的整体。

经济管理具有双重属性，既包含自然属性也包含社会属性。管理的双重性是由生产的双重性所决定的，经济管理的自然属性是经济管理的共性，经济管理的社会属性是经济管理的个性，这就相当于同样的管理过程中的两个方面，掌握经济管理过程中的这一特点，有利于管理者对经济管理过程中客观规律的掌握，更有利于理解经济活动，正确借鉴资本与经济管理的经验。

二、经济管理的原则

经济管理的原则简单来说主要包括三种：①经济效益最佳；②物质利益；③遵循客观规律。

三、经济管理的内容

经济管理的内容为企业的决策与管理提供依据，其主要内容包括以下六个方面。

（一）人力资源管理

人力资源管理作为经济管理中的重要组成部分，一定要加强人力资源的开发与管理。企业一定要做好员工的培训工作，提高员工的基本素质，不断挖掘企业员工的潜力，调动员工的积极性。相关部门建立健全人力资源开发机制，为企业人力资源管理提供相关借鉴，教育部门要做好教育工作，为企业输送更多优质的人才，促进企业发展。

（二）财力管理

财力集聚的对象，就是国内社会总产品的价值和国外资金市场中的游资。财力集聚的主要渠道有财政集资、金融机构集资和利用外资。在我国目前的市场经济发展中，除了搞好财政集资外，尤其应重视金融机构集资和利用外资。财力管理应坚持的原则：统筹兼顾，全面安排；集中资金，保证重点；量力而行，留有余地；维持财力平衡。

（三）物力管理

物力管理包括两个方面的内容，一是自然资源的保护与利用，二是物力的开发、供应与使用。

想要更好地实现物力管理，就需要遵循经济规律与自然规律。主张节约，不能浪费。结合经济发展的要求与人们的需求，开发、使用、保护好物力资源，以合理的方式使用物力，促进企业的正常运行，促进经济与社会事业的不断发展。

在设计自然资源的开发与利用的过程中，要根据可持续发展的相关要求，对自然资源进行合理的开发与利用，不能随意开发，要适度开发，合理利用，以提高资源的使用效率，保护自然环境。

（四）科学技术管理

科学是人类实践经验的概括和总结，是关于自然、社会和思维发展的知识体系。技术是人类利用科学知识改造自然的物质手段和精神手段的总和，它一般表现为各种不同的生产手段、工艺方法和操作技能，以及体现这些方法和技能的其他物质设施。

制定科学技术发展规划，合理使用科学技术，努力创新科学技术，积极推广应用科研成果，注重技术改造与先进技术的引进，提升自身的创新能力，加强创新型科技人才队伍的建设，为经济管理服务。

（五）时间资源管理

时间是一切运动着的物质的一种存在形式。时间资源具有不可逆性；具有供给的刚性和不可替代性；具有均等性和不平衡性；具有无限性和瞬间性。

时间资源的管理是指在同样的时间内，为了提升时间的利用率与有效性而进行的一系列的调控工作。时间资源管理的内容，简单来说，就是指对生产时间的管理与流通时间的管理。

有效的时间资源管理，就需要做出明确的经济活动的目标与规划，对时间的使用有明确的规划，严格把控时间。对整体的工作程序进行深化与优化，提升工作效率。此外，还要保障有足够的时间用来休息与娱乐。

（六）经济信息管理

经济信息是指反映经济活动特征及其发展变化情况的各种消息、情报、资料的统称。经济信息的特征：社会性、有效性、连续性和流动性。

经济信息的分类标准多样，不同的划分标准会出现不同的分类情况。按照经济信息的获取方式不同，可以分为常规性信息与偶然性信息。按照经济信息的来源不同，可以分为原始信息与加工信息。按照经济信息所反映的内容不同，可以分为外部信息与内部信息。

经济信息管理的要求应该建立在及时、准确、适用的基础上。经济信息管理的基本过程分为收集、加工、及时传递、分类储存。

四、经济管理的方法

组织的经济管理方法具有自身的特点。组织具有综合效应，这种综合效应是组织成员共同作用的结果。组织管理就是通过建立组织结构，明确权责关系，规定相关职务，使组织成员各司其职，彼此之间相互配合，共同为了一个目标而努力的过程。

（一）经济方法

经济方法是指依靠经济组织，运用经济手段，按照客观经济规律的要求来组织和管理经济活动的一种方法。正确理解经济方法的含义需要把握以下要点：经济方法的前提是按客观经济规律办事；经济方法的实质和核心是贯彻物质利益原则；经济方法的基础是搞好经济核算；经济方法的具体运用主要依靠各种经济杠杆；运用经济方法，主要依靠经济组织。经济方法的特点是利益性、平等性、有偿性、间接性，作用范围广、有效性强。

经济方法的科学运用，在一定程度上可以体现经济杠杆的科学作用。有效地利用经济杠杆，可以加强对经济活动的管理，但是一定要认识到各种不同的经济杠杆的作用领域与具体的调节目标。经济杠杆的调节作用可以体现在社会经济活动中的各个方面，实现多种调节目标。例如，信贷杠杆是在资金分配的过程中发挥作用，可以促进社会总需求与总供给之间的平衡，还可以促进企业的发展，减少资金的占用，促进资金的合理运转，提高企业的经济效益。

（二）法律方法

经济管理的法律方法是指依靠国家政权的力量，通过经济立法和经济司法的形式来管理经济活动的一种手段。法律方法的特点：权威性、强制性、规范性、稳定性。

法律方法是国家管理和领导经济活动的重要工具，在经济管理中之所以要使用法律方法，从根本上说，是为了保证整个社会经济活动的内在统一，保证各种社会经济活动朝着同一方向、在统一的范围内落实依法治国基本方略，具体来讲就是保障国家的经济建设的大政方针，保护以公有制为主体的多种经济成分的合法权益，保障科技成果的有效应用，加强国与国之间的经济合作，保证顺利完成经济体制改革。

（三）行政方法

经济管理的行政方法是指依靠行政组织，运用行政手段，按照行政方式来管理经济活动的一种方法。行政方法的特点：强制性、直接性、无偿性、单一性、时效性。

行政方法使用之前，一般会进行深入的调查研究。注重从实际出发，尊重客观事实。行政方法一般建立在客观经济规律之上，对于各级组织与领导人的权力范围有严格且明确的划分，可以正确处理各级组织的关系。裁撤冗余的机构组织，建立健全行政工作责任制，提高办事效率。尊重人民群众的利益，发扬民主，积极联系人民群众。

合理的经济管理组织是管理者履行各种管理职能，顺利开展各项管理活动的前提条件。建立合理的经济管理组织应坚持的基本原则：坚持有效性原则，即管理组织结构的建立，包括它的结构形态、机构设置和人员配备等，都必须讲效果讲效率；坚持权利与责任相对称的原则，即各级经济管理机构和管理人员，根据所管辖范围和工作任务，在管理经济活动方面，都应拥有一定的职权，与此相对应，还要承担相应的责任；坚持管理层级及幅度适当的原则——一般来说，管理层级与管理幅度呈反比例关系，即幅度宽对应层较少，幅度窄则对应层较多；坚持统一领导、分级管理的原则；坚持稳定性和适应性相结合的原则；坚持执行与监督的分设原则。

第三节　经济管理的效益与评价

一、经济管理的重要性

企业的经营活动都是为了获得经济效益而进行的，经济管理是企业管理制度中的重要一环，采取有效对策对企业经济运行进行管理，能够促进企业的健康发展。

二、将经济管理作为企业经营管理的中心

（一）加强资金管理

资金管理作为企业经济管理中的核心所在，也是衡量企业经营标准的重要参考因素。加强资金管理，提升资金的使用效率，优化资金的配置是提升企业经济管理的重要方式之一，这也是企业立足的关键所在。

（二）坚持资金运转管理的思想

企业经济管理的最终目标就是保障资金的使用科学化与合理化，提高企业的经营效率。经济管理作为企业管理的关键，不仅相关的管理部门应坚持这种思想，而且企业的所有员工都应秉持资金运转管理的思想。

（三）定期开展经济预算

企业在日常的经营管理中，根据企业实际的资金情况，对企业的经济活动以及盈利规划做出合理的设计方案，计算出有效的经济预算，为企业在以后的经营决策中提供依据。

（四）强化收支管理机制

企业只能设置一个账户，不能建立多个账户，将资源打散，用来掩藏资金。也就是说，企业所有的开支与收入应该用一个账户，禁止相关部门或者个人对资金进行不合理的使用，企业资金的开支应该由专门的负责人进行管理，其他人没有权利进行支配。

（五）做好成本控制

成本控制是经济管理的重要组成部分，做好成本控制就是协调各部门之间的费用分

配，将最具有竞争力的产品指标进行有效的拆分，并在相关部门中严格贯彻。采用最先进的技术管理方式，做好成本控制，节约资金，加强企业的竞争力。

（六）策划经济方案

在进行经济管理的过程中，相关工作人员要根据企业的真实情况，做好经济方案，有阶段性的经济方案，也要有全年的经济方案，做好经济预算，及时解决经济活动的困难，便于经济管理。

（七）研究经济管理的结果

深入研究经济管理的结果，对于经济管理具有重要的意义。可以找出经济管理中的不足，吸取相关的经验，不断完善经济管理活动，可以使企业有效地掌握资金，做好预算，促进企业的发展。

三、增强经济管理的力度

经济管理与企业的日常经营活动相结合，增强经济管理的力度。在企业的日常经济管理活动中，经济管理的作用可以说在各个环节中都有所体现，以保障企业的正常运行，减缓资金供应的压力。

（一）影响企业资金周转不畅的因素

影响企业资金周转不畅的因素主要包括：相关工作人员的经济管理的意识淡薄；客户欠款与拖款现象严重；所支持的资金的账目一直处于较高的水平。

企业要根据自身的实际情况，建立专项的管理团队，定期开展收回欠款的活动，还需要各个部门之间相互配合，做好企业的成本预算，降低企业成本，提高企业的经济效益。

（二）增强经济管理的途径

1. 做好经济规划

良好的经济规划对于企业的发展方向具有重要的指导意义，经济规划做得好，就会提升企业的经济效益，增强企业的经济管理。因此，想要做好经济规划就需要从以下四个方面着手。

①掌握企业的具体情况，对资金的流通规律有基本的认识。

②应该进行充分科学的调研，依法经营。

③厘清投资过程，科学民主地进行经济管理。

④建立风险预警机制。

2. 体现经济监督

企业想要维持正常的运转，就需要建立健全经济监督机制，成立管理领导小组，加强经济管理监督工作，反对不良经济行为。经济管理人员一定要具备高度的责任感，对不良的经济行为坚决抵制，发现问题，及时与有关人员沟通，坚守自己的职业道德，保障职工的合法权益。

3. 科学分配企业盈利

盈利的分配直接关系到员工的切身利益。科学地分配企业的盈利，可以调动员工的工作热情，还可以促进企业的整体发展。目前来讲，大部分企业的分配原则都是采用平均分配，这从一定程度上，挫伤了企业员工的生产积极性，也使得企业的运行陷入一种不良循环。

根据经济管理的内容，企业的领导可以采用多种形式来改善盈利的分配，体现杠杆的调节作用，使企业的运行达到一种相对平衡的状态，提升员工的积极性，让企业朝着更好的方向运行。

想要全面提升企业经济管理的引导效果，就需要建立一个科学、全面、有效、可实行的经济管理体系，不只是依靠某一个部门或者某一部分人员，而应该是企业的全体部门与全体职工一起努力，致力做好管理决策，提升员工素质，利用最为先进的技术，做好成本控制、资金规划，提升经济管理的效率。除此之外，还要加强企业员工的相关培训，不断提高企业的管理水平，提升企业的经济效益，为企业的发展做出贡献。

第二章 ▌ 管理与管理决策

第一节　管理与管理者

一、管理工作与管理者层次

（一）管理工作

管理者在一个组织中往往需要完成以下三大方面的工作，以协调组织内外部的资源，让组织内外部的相关人员的行为协同一致，以实现组织的目标。

①管理组织，求得组织的生存和发展。第一，管理者要确定组织存在的目的、组织要达到的目标并制定实现组织目标的途径；第二，管理者要使组织通过各种管理活动获得最大利益；第三，管理者要保证组织"为社会服务"和为自身发展"创造顾客"。

②管理管理者。在组织的不同管理层次，上一级管理者又是下一级管理者的管理者，不管哪一级的管理者都有这样的职责：主导和影响被管理者，使之为组织目标的实现积极努力工作和努力奋斗；构建适合的组织结构；培养被管理者的团队合作精神；培养下一级管理者，使其管理工作技巧提高。

③管理劳动者和工作。管理者要认识两个趋势：一是管理工作性质是不断变化的，工作的承担者既有体力劳动者，也有脑力劳动者，而且随着科学技术的进步，后者的数量大大增加，因而管理的方式需要探讨；二是处理好与各类人员的关系变得越来越重要，这要求管理者能正确认识人的特性。

（二）管理职能

管理的核心职能主要有四项职能，即计划职能、组织职能、领导职能和控制职能。

1. 计划职能

计划职能指的是管理者对实现组织目标和应采取的行动方案做出选择和具体安排，包括明确组织的使命、分析外部环境和内部条件、确定目标、制定战略和作业计划、制定决策程序等。任何管理活动都是从计划开始的，因此计划是管理的首要职能。

2. 组织职能

组织职能是指管理者根据计划对组织活动中各种要素和人们的相互关系进行合理的安排，包括设计组织结构、建立管理体制、分配权力和资源、配备人员、建立有效的信息沟通网络、监督组织运行等。组织工作是计划工作的自然延伸，其目的是把组织的各类要素、各个部门和各个环节，从分工与协作、时间和空间以相互关系等方面合理地组织起来，在一定的环境下，形成资源的最佳结合，从而使组织的各项活动协调有序地进行。

3. 领导职能

每一个组织都是由人组成的，管理者的主要任务之一是指导和协调组织中的人，这就是领导。领导职能是指管理者带领和指挥组织成员努力实现目标的过程。有效的领导要求管理者在合理的制度环境中，针对组织成员的需要和行为特点采用适当的方式去提高和维持组织成员的工作积极性。

4. 控制职能

控制职能是指管理者在建立控制标准的基础上，衡量实际工作绩效，分析出现偏差的原因，采取控制措施的过程。控制职能与计划职能密不可分。计划是控制的前提，为控制提供目标和标准，没有计划就不存在控制；控制是实现计划的手段，没有控制，计划就不能顺利实现。

需要注意的是，虽然从理论上讲，管理职能之间存在逻辑上的先后顺序关系，即这些职能通常是按照"先计划，继而组织，然后领导，最后控制"的顺序发生。但从实际管理过程来看，这些管理职能是相互交叉融合在一起的。例如，在计划制订后付诸实施的组织、领导或者控制的过程之中，有时可能会一边执行一边要求对原计划做某种修改、调整，甚至还可能需要启用应变的备用计划，或者编制全新的计划。这样，某一职能进行中间就有可能穿插着其他职能活动。同样，在行使控制职能时，也需要选择控制方式、制订控制计划，并对控制过程进行组织和领导。因此，管理工作过程中的各项管理职能在现实中并不是严格分割、分别进行，它们经常有机地融合成一体，形成各职能活动相互交错、不断反馈和循环的过程。

（三）管理者

管理者是正式组织内拥有正式职位，运用组织授予的制度权力做出决策，负责指挥别人的活动，并承担对组织实现预期目标做出贡献和承担责任的各类从事管理活动的人，即在组织中担负计划、组织、领导、激励、协调、控制等工作以期实现组织目标的人。根据不同的分类标准，管理者可以有如下分类。

1. 按管理者在组织中所处的层次划分

组织中的管理者可以分为高层管理者、中层管理者和基层管理者三个层次，不同层次管理者工作的重点不同。

①高层管理者对整个组织的管理负有全面责任。其主要任务是确定组织的总体目标和总体战略，把握组织发展方向，如企业的总经理、副总经理、CEO（首席执行官）、CFO（首席财务官）、COO（首席运营官）等都属于高级管理人员。

②中层管理者的主要职责是贯彻执行高层管理者所制定的重大决策，监督和协调基层管理者的工作，或对组织中某一方面的工作进行具体的规划和参谋。他们在管理中起着上传下达的桥梁和纽带作用，负责协调和控制基层生产、业务活动，保证本部门任务的完成和目标实现。如企业中的计划、生产、财务等部门的负责人，公司的部门经理、分公司（事业部）经理等，都属于中层管理者。

③基层管理者即一线管理人员，其主要职责是给下属作业人员分派具体工作任务，直接指挥和监督现场作业活动。如企业的班组长、饭店的领班、机关的科长等。

在一个组织中，除了最高层主管，其余绝大多数管理者的身份都具有相对性和两重性，他既是其下属的管理者，又是其主管的被管理者；既是管理的主体，又是管理的客体。再者，管理者的人格是双重的，即每一个管理者都位于组织的某个职位上，是该职位责任和权力的化身，是一定组织利益的代表；同时每一个管理者又都是一个活生生的个人，是自身利益的代表。这两种利益有时是一致的，但有时又是矛盾的。管理者要进行有效的管理、提高管理效益，保证组织目标和个人在组织中价值的实现，就必须处理好这对矛盾。

2. 按管理者所负责的组织活动的范围分类

按管理者在组织权力体系中的职权关系性质不同，管理人员又可以划分为直线管理人员和参谋人员。

（1）直线管理人员

直线管理人员是指有权对下级进行直接指挥的管理者。直线管理者位于组织指挥链上，对整个组织或其中某个层次中的一个单位的活动，实行综合统一管理并负有全部责任的管理者，故又称为一般管理者或综合管理者。直线管理人员的主要职能是决策和指挥，与下级之间存在着领导隶属关系，是一种命令与服从的职权关系。

（2）参谋人员

参谋人员是指对上级提供咨询、建议，对下级进行专业指导的管理者。他们与上级的关系是参谋、顾问与主管领导的关系，与下级是非领导隶属的专业指导关系。他们的主要职能是咨询、建议和指导。

二、管理者的角色与管理技能

（一）管理者的角色

20 世纪 60 年代末，明茨伯格提出了管理角色理论。明茨伯格将管理者在计划、组织、领导、控制组织资源过程中需要履行的特定职责简化为 10 种角色。管理者通过这些角色的履行以影响组织内外个人和群体的行为。他将这 10 种角色划分为三大类：人际关系角色、信息角色和决策角色。管理者往往同时扮演上述几种角色。

1. 人际关系角色

人际关系角色直接来源于管理者的正式权力基础，管理者在处理与组织成员和其他利益相关者的关系时，他们就在扮演人际关系角色。管理者所扮演的三种人际关系角色是代表人角色、领导者角色和联络者角色。

代表人角色。作为所在组织的领头人，管理者必须行使一些具有礼仪性质的职责。如参加社会活动、宴请重要客户等。

领导者角色。由于管理者对所在单位的成败负重要责任，管理者和员工一起工作并通过员工的努力来确保组织目标的实现。他们必须在工作小组内扮演领导者角色。

联络者角色。管理者无论是在与组织内成员一起工作时，还是在与外部利益相关者建立良好关系时，都起着联络者的作用。

2. 信息角色

在信息角色中，管理者负责确保共同工作的人具有足够的信息，从而能够顺利完成工作。管理者既是所在组织的信息传递中心，也是组织内其他工作小组的信息传递渠道。

①监督者角色。管理者持续关注组织内外环境的变化以获取对组织有用的信息。根据这种信息，管理者可以识别组织潜在的机会和威胁。

②传播者角色。管理者把他们作为信息监督者所获取的大量信息分配出去，保证员工具有必要的信息，以便切实有效地完成工作。

③发言人角色。管理者必须代表组织把信息传递给组织以外的个人，如向董事和股东说明组织的财务状况和战略方向，向广大利益相关者如消费者保证组织在切实履行社会义务等。

3. 决策角色

在决策角色中，管理者处理信息并得出结论，并用于组织的决策。管理者负责做出组织的决策，让组织内团队和成员按照既定的路线行事，并分配资源以保证各类计划的实施。

①企业家角色。管理者需密切关注组织内外环境的变化和事态的发展，以便发现机会。作为企业家，管理者对所发现的机会进行投资以利用这种机会，如开发新产品、提供新服务、发明新工艺等。

②冲突处理者。管理者必须善于处理冲突或解决问题，如平息客户的怒气，同不合作的供应商进行谈判，或者对员工之间的争端进行调解等。

③资源分配者。管理者决定组织资源用于哪些项目。除财力资源或设备等物资资源外，其他类型的重要资源也要分配给项目。例如，对选择把时间花在这个项目而不是那个项目上时，管理者实际上是在分配一种资源。

④谈判者角色。这一角色表现为管理者在其感到有必要时代表组织同外界打交道，管理者的谈判对象包括员工、供应商、客户和其他工作小组。

（二）管理者的技能

1. 概念性技能

概念性技能就是分析、预测和做出决断的能力。具体包括对大量的信息进行抽象概括的能力；理解事物的相互关联性从而找出关键因素的能力；理解并协调各种矛盾的关系、权衡方案优劣及内在风险的能力；透过现象抓住本质的洞察力；在深刻了解各个局部的基础上把握全局的能力等。任何管理者所处的环境都是复杂多变的，从而要求他们认清各种因素之间的内在联系，抓住问题的实质，迅速做出正确的决策。管理者所处的层次越高，其面临的环境和问题就越复杂，越需要概念性技能。

2. 人际关系技能

人际关系技能是管理者与别人沟通和打交道的能力。具体而言，是管理者所具有的识别人、任用人、团结人、组织人、调动人的积极性以实现组织目标的能力。对于各个层次的管理者，人际关系技能都很重要，特别是中层管理者，不仅要处理好与下级的关系，影响和激励下级有效工作，还要处理好与上级、同级之间的关系，学会如何支持和说服领导，如何与其他部门合作。

3. 技术技能

技术技能指利用技术完成任务的能力。管理者没有必要使自己成为精通某一领域技术的专家，因为他可以依靠技术专家来解决技术问题。但他需要了解与其管理的专业领域相关的基本技术知识，否则他将很难与技术专家或技术主管有效沟通，从而影响他对所在业务范围内的各项管理工作进行具体指导；另外，这对他决策的及时性、正确性也有不利影响。但基层管理人员必须全面而系统地掌握与工作内容相关的各种技术性技能。如某机械厂的老板不一定要精通机械，但他要懂一点机械制造的知识，而车间主任则必须要精通机械制造加工的技术。

高层管理者需要制定全局性的决策，所作的决策影响范围更广、影响期限更长，因此，高层管理者需要更多地掌握概念性技能，进而把全局意识、系统思想和创新精神渗透到决策过程中。基层管理人员每天大量的工作是与从事具体作业活动的工作人员打交道，有责任检查工作人员的工作，及时解答并同工作人员一起解决实际工作中出现的各种具体问题。因此，基层管理人员必须全面而系统地掌握与本单位工作内容相关的各种技术性技能。当然，基层管理人员也可能面临一些例外的、复杂的问题，要协调所管辖工作人员的工作，制订本部门的整体计划，为了做好这些工作，也需要掌握一定的概念性技能。人际关系技能是组织各层管理人员都应具备的技能。因为不管是哪个层次的管理者，都必须在与其他各层人员进行有效沟通的基础上，相互合作共同完成组织的目标。

三、管理者的道德和社会责任

组织或个人都不可能脱离社会环境而独立存在。为了自身的生存和发展，组织或个人必然要与其他组织或个人发生这样那样的关系。伦理和道德正是维系这种社会关系和秩序最基本、最重要的规范。

(一) 道德概述

1. 道德的概念

道德通常是指那些用来明辨是非的规则或原则。根据这一定义，道德在本质上是规则或原则，这些规则或原则旨在帮助决策人判断某种行为是正确的或错误的，或这种行为是否为组织所接受。不同组织的道德标准可能不一样，即使是同一组织，也可能在不同的时期有不同的道德标准。此外，组织的道德标准要与社会的道德标准兼容，否则这个组织很难为社会所容纳。

2. 道德的功能

道德在人们自身生存和发展过程中，其作用和功能归纳起来主要表现为以下三个方面。

（1）调节功能

道德具有通过评价等方式来指导和纠正人们的行为和活动，以达到协调人际关系、维护社会秩序的能力，这就是道德的调节功能。调节方式可以有社会舆论调节、传统习惯调节、内心信念调节等。人们交往中的一切关系和活动都是道德调节的范围，它可以依靠大多数成员的评价性看法和倾向性态度，对社会道德现象进行褒贬评价，以调节人们的行为，这是社会舆论调节。也可以依靠人们在长期社会活动中积累起来的道德经验和所形成的社会风尚，对人们的行为进行约束和规范，此为传统习惯调节。另外，还可以通过道德教育和修养，将外在的道德规范内化为人们内心的道德信念，使人们能自觉按照社会道德要求行事，依此来调节人们的行为，此为内心信念调节。

（2）教育功能

道德可以通过评价、命令、指导、示范等方式和途径，运用塑造理想人格、榜样等手段，培养人们的道德信念、道德情感和道德品质，即道德有教育功能。因此，应根据一定社会的道德要求对人们进行系统的道德教育，使其形成相应的道德认知；另外，通过加强人们的道德修养，唤起人们完善自我、完善社会的热情，使其自觉地将外在的道德知识变为内在的道德信念。

（3）激励功能

道德具有激发人们的内在积极性和主动性，促使人们自我肯定、自我发展、自我完善的功能，在社会生活中，道德不仅包含人们"现有"的行为规范，而且包含人们"应有"的行为规范。"应有"的行为规范一般反映了社会发展的客观必然性。人们为了获取社会的认同、成就，实现自己的道德理想，一定会按照"应有"的道德规范行事，因此，道德能引导和激发人们参与社会的主动性和积极性，即道德具有激励功能。

3. 道德观

通常认为，在商业道德方面有以下四种道德观点。

（1）道德的功利观

这种观点认为决策要完全依据其后果或结果做出。功利主义的目标是为尽可能多的人提供尽可能多的利益。一方面，功利主义对效率和生产率有促进作用，并符合利润最大化的目标。但另一方面，它会造成资源配置的扭曲，尤其是在那些受决策影响的人没有参与决策的情况下，功利主义会导致一些利益相关者的权利受到忽视。

（2）道德的权利观

这种观点认为决策要在尊重和保护个人基本权利的前提下做出。权利观的积极一面是它保护了个人的自由和隐私。但接受这种观点的管理者把对个人权利的保护看得比工作的完成更加重要，从而在组织中会形成对生产率和效率有不利影响的工作氛围。

（3）公平理论道德观

这种观点要求管理者公平地实施规则。接受公平理论道德观的管理者可能决定向新来的员工支付比最低工资高一些的工资，因为在他（或她）看来，最低工资不足以维持该员工的基本生活。按公平原则行事，它保护了那些未被充分代表的或缺乏权力的利益相关者的利益，但是它可能不利于培养员工的风险意识和创新精神。

（4）综合社会契约理论观

这种观点主张把实证（是什么）和规范（应该是什么）两种方法并入商业道德中，即要求决策人在决策时综合考虑实证和规范两方面的因素。这种道德观综合了两种"契约"：一种是规定了做生意的程序；另一种是规定了哪些行为方式是可接受的。这种观点要求管理者要考察各行业和各公司中的现有道德准则，以决定什么是对的、什么是错的。

随着个人权利和社会公平的日益被重视，功利主义遭到了越来越多的非议，因为它在照顾多数人的利益的时候忽视了个人和少数人的利益。对个人权利和社会公平的考虑，意味着管理者要在非功利标准的基础上建立道德标准。但按个人权利、社会公平和社区标准之类的标准来进行决策，要比使用对效率和利润有影响之类的标准来进行决策，更让管理者为难。

（二）影响管理伦理（道德）的因素

1. 管理者的道德发展阶段

根据西方道德心理学家的已有研究，人们的道德发展可归纳为三个发展阶段：前惯例阶段、惯例阶段、规范与原则阶段，它们代表人们道德发展的不同水平。

处于前惯例阶段的人们，其行为仅受个人利益的影响，其行为特征是为避免物质惩罚而遵守规则，或只在符合直接利益时才遵守规则；处于惯例阶段的人们，其道德行为受他人期望的影响，其行为特征是做自己周围人所期望做的事，或通过履行他人所认同的准则、义务来维护传统的秩序和标准；处于规范与原则阶段的人们，其道德选择具有自主性，受自己认为正确的个人行为准则的影响，其行为特征表现为遵循自己长期所形成的道德准则，而不受外界的影响。

2. 管理者的个人特征

一个成熟的人一般都有相对稳定的个人价值准则和道德规范，即对于正确与错误、善与恶、诚信与虚假等基本信条的认识。这些认识是个人在长期生活实践中发展起来的，也是教育与训练的结果。管理者通常也有不同的个人准则，它构成了管理者道德行为的个人特征。由于管理者的特殊地位，这些个人特征很可能转化为组织的道德理念与道德准则。

3. 管理者的自信心强度

在管理过程中，一般要求管理者的谋与断、胆与识是统一的。但管理者作为一个个体，其能否把自己的价值认识转化为行动以及在多大程度上转化为行动，其个性品质中的自信心强度是极为重要的决定因素。自信心高的人比自信心低的人更能克制冲动，也更能遵循自己的判断，去做自己认为正确的事，从而在道德判断与道德行为之间表现出更大的一致性。

4. 管理者的自我控制能力

控制中心是衡量人们相信自己掌握自己命运的个性特征，它实际上是管理者自我判断、自我控制、自我决策的能力。具有内在控制中心的人，自信能控制自己的命运，故更可能对其行为后果负责任，并依据自己的内在标准指导行为，从而在道德认识与道德行为之间表现出更大的一致性；而具有外在控制中心的人则常常是听天由命，一般不大可能对其行为后果负个人责任，而更可能依赖外部的力量，因此，他们在道德认识与道德行为之间常表现出很大的差异性。

5. 组织结构

合理的管理组织结构可以对组织中的个体道德行为起到明确的引导、评价、奖惩的作用，因而也就对管理者的道德行为有约束作用。

①要做到减少组织结构设计中的模糊性，通过减少制定严格、正式的规则和制度，有助于促进管理者的道德行为。

②组织要根据内外环境和条件的变化适时调整自身的组织结构，这样才能在组织管理层形成和谐、有效的人际关系，也才能够协调、激励管理者的道德行为和道德信念，进而为员工确定出可接受的和期望的行为标准。

③组织要有一个合理的绩效评估系统。要用科学的方法制定出切实可行的评估指标和评估程序，要从客观、全面的角度评价每一位员工，减少人们在指标的压力面前不择手

段、违反道德的可能性。

6. 组织的文化建设

管理组织的文化建设对管理道德的影响主要表现为两个方面：一是组织文化的内容和性质；二是组织文化的力度。一个组织若拥有健康的和较高道德标准的组织文化，这种文化的向心力和凝聚力必然对其中每个人的行为具有很强的控制能力。另外，组织文化的力度对管理道德也有着很大的影响。如果组织文化的力度很强并且支持高道德标准，那么，它会对管理者的道德行为产生强烈的和积极的影响。

7. 道德问题的重要程度

管理者的道德问题强度主要表现在管理者对以下几个问题的判断：管理者对其道德行为产生的危害或受益的可能性的认识；管理者与其道德行为的受害者或受益者的关系接近程度；管理者对其道德行为的受害者或受益者受到多大程度的伤害或利益的关注和内心感受；管理者的道德行为对有关人员的影响和集中程度；管理者的道德行为与所期望的结果之间持续时间的长短，等等。

(三) 提高管理者道德素质的途径

1. 提高管理人员的素质

管理者的道德发展阶段、自信心、自控能力等都是影响管理道德的重要因素，而这些因素也是管理人员的素质高低的体现。权力能否正确运用，在很大程度上只能取决于管理人员的良知；组织的道德水准则完全取决于组织主要负责人的个人修养。管理者素质低下极可能转向腐败或极易造成决策失误，导致组织倒闭。避免滥用权力的最好办法是提高个人素质，尤其是提高其道德方面的素质。现代企业的管理者必须具备的道德素质有：①必须具备全新的经营价值观念。②必须具备正确的工作价值观。③必须坚持集体主义原则。④必须坚持公正原则。⑤必须坚持诚信原则。

2. 要求管理人员以身作则

道德准则要求管理者，尤其是高层管理者应以身作则。高层管理者通过他们的言行和奖惩建立了某种文化基调，这种文化基调向员工传递和暗示了某些信息。不良的纪律来自不良的领导。企业领导者如果不能严于律己、以身作则，则势必会在企业内部形成管理松弛、制度涣散、风气败坏、上行下效的局面。因此，管理者律己不严，就不能严整纲纪；只有以身作则，才可能军令如山、执法如山。例如，如果领导选择关系户作为提升或奖赏的对象，则表明靠拉关系这种不正当的方法获得好处不仅是可取的，而且是有效的，于是

"关系文化"就可能盛行,人们的注意力就可能不会集中在工作实绩的创造上,而是转向人际关系方面的钻营;而如果领导当众惩罚投机者,员工就会得出这样的结论——投机是不受欢迎的,是要付出代价的。

3. 加强管理者的职业道德修养

职业道德是指个人在从业过程中应遵循的与职业活动相关的道德行为准则,这是个人道德行为特征最具体、最重要的表现。职业道德建设包括职工道德和组织领导者、管理者的道德两个方面。两者相互联结、相互作用,构成一个完整的职业道德模式。越来越多的组织意识到对员工进行适当的道德教育的重要性,它们积极采取各种方式(如开设研修班、组织专题讨论会等)来提高员工的道德素质。

4. 设定工作目标并对绩效进行全面评价

员工应该有明确和现实的目标。如果目标对员工的要求不切实际,即使目标是明确的,也会产生道德问题,在不现实的目标的压力下,人们为了取得结果,就会不择手段,从而有可能产生不道德行为。在对管理者的评价中,不仅要考察其决策带来的经济成果,还要考察其决策带来的道德后果。总之,绩效评价要全面而又客观。

5. 提供正式的保护机制

正式的保护机制可以使那些面临道德困境的员工在不用担心受到斥责的情况下自主行事。例如,组织可以任命道德顾问,当员工面临道德困境时,可以从道德顾问那里得到指导。另外,组织也可以建立专门的渠道,使员工能放心地举报道德问题或告发践踏道德准则的人。

(四) 社会责任

企业社会责任就是指企业决策者在追求自身利益发展的同时,所必须承担的义务,即保护和改善公众利益的义务。如果企业在承担法律上和经济上的义务前提下,还承担追求对社会有利的长期目标的义务,那么,我们就说该企业是有社会责任的。

企业社会责任的范围是十分丰富和广泛的。但其中最为重要的社会责任往往包含四大类问题,即企业与职工关系、企业与消费者关系、企业与社区关系和企业与生态环境关系。一般组织的社会责任的范围包括利益相关者、自然环境和一般社会福利。

1. 企业对利益相关者的责任

利益相关者是指位于组织内部或者外部,与组织有利害关系的任何人或团体,由于每个利益相关者在组织中的利害关系是不一样的,他们对敏感度都有不同的标准。利益相关者可以影响战略产出和对公司的收益有法定权利的个人和组织。利益相关者通过对组织的生产、竞争和利润至关重要因素的控制，实施对组织绩效的影响权。可能是客户内部的（如雇员），也可能是客户外部的（如供应商）。一般情况下，对利益相关者的责任可有如下分类。

（1）企业对员工的责任

不歧视员工，定期或不定期培训员工，营造一个良好的工作环境，善待员工的其他一些举措。

（2）企业对顾客的责任

①提供安全的产品，安全的权利是顾客的一项基本权利。

②提供正确的产品信息，企业要想赢得顾客的信赖，在提供产品信息方面不能弄虚作假，欺骗顾客。

③提供售后服务，企业要重视售后服务，要把售后服务看作对顾客的承诺和责任，要建立与顾客沟通的有效渠道，及时解决顾客在使用本企业产品时遇到的问题和困难。

④提供必要的指导，在使用产品前或过程中，企业要尽可能为顾客提供培训或指导，帮助他们正确使用本企业的产品。

⑤给予顾客自主选择的权利。企业不能限制竞争，以防止垄断或限制的出现给顾客带来的不利影响。

（3）企业对竞争对手的责任

在市场经济下，竞争是一种有序竞争。企业不能压制竞争，也不能搞恶意竞争。企业要处理好与竞争对手的关系，在竞争中合作，在合作中竞争。有社会责任的企业不会为了一时之利，通过不正当手段打压对手。

（4）企业对投资者的责任

企业首先要为投资者带来有吸引力的投资报酬，此外，企业还要将其财务状况及时、准确地报告给投资者。企业错报或假报财务状况，是对投资者的欺骗。

（5）企业对所在社区的责任

企业不仅要为所在社区提供就业机会和创造财富，还要尽可能为所在社区做出贡献。

2. 企业对自然环境的责任

企业要在保护自然环境方面发挥主导作用，特别要在推动环保技术的应用方面发挥示范作用。企业要治理自然环境，要以"绿色产品"为研究和开发的主要对象。

3. 一般社会福利

除了利益相关者和自然环境责任，企业应当增加一般社会福利。这方面的例子包括慈善捐款、资助慈善组织和非营利机构；资助博物馆、乐团和公共广播电视；以及为改善健康和教育体系作贡献。

第二节　管理决策

一、决策的概念

明智的决策是成功的关键，人们不论做什么事情，都是首先始于决策，最后成于决策。从现实的情况来看，决策活动几乎是无处不在、无时不有的。小到我们日常生活的衣食住行，中到企业的经营管理，大到涉及国计民生的各种发展规划，都需要通过相应的决策才能使之一一得以完成和实现。可见，决策活动与人类活动是密切相关的。

（一）决策的定义

人类的实践活动是在理性和意图的支配下，为达到一定的目的而进行的。自从有人类以来，就有了人类的决策行动。"决策"一词在国外用得很广泛，我国以前用得较少。《现代汉语词典》对"决策"的解释是：①决定策略或办法；②决定的策略或办法。人们常常把"决策"理解为"决定政策"，好像这只是高级领导的事，这种理解过于狭隘。

作为管理学的一个特定术语，对于决策的含义，学者们有不同的看法，争论较多，当前主要有以下四种观点。

①决策就是做出决定。

②决策就是管理，管理就是决策。

③决策就是选择，决策就是领导"拍板"。

④决策指的是人类社会中与确定行动目标有关的一种重要活动。

这些观点都从决策的不同角度说出了一定的道理，说决策是决定、是"拍板"、是决断、是定案的人，认为决策是领导者个人的能力；说决策是管理、是选择、是确定目标行动的人，认为决策是一个过程。

到底什么是决策？现在一般认为，决策有狭义和广义之分。狭义的决策是指行动方案的确定或决定，即人们通常所说的"拍板定案"。广义的决策是指人们为了达到一定目的，运用科学的理论和方法提出、选择并实施行动方案的全过程。现代管理学所讲的决策是广义的决策。

（二）决策的原则

决策原则是指在决策过程中必须遵循的指导原理和行为准则，它是科学决策的反映，也是决策实践经验的概括总结。在决策过程中所要遵循的具体原则是多种多样的，通常主要有以下七个原则。

1. 科学性原则

科学性原则是衡量一切事物的最高准则。科学性原则主张人们的一切活动都应从事物的本质和客观规律出发，尊重客观性，反对主观性；尊重必然性，反对偶然性；尊重本质性，反对表面性。科学性原则，是决策时必须遵循的首要原则。

2. 信息原则

信息是决策的依据，而信息的准确、全面、系统、可靠和及时是科学决策的基础条件。信息不准，决策必错。信息原则要求在决策时，首先必须收集大量的信息，保证信息的完整性，这样才能对信息进行归纳、选择，提炼出对决策有效的信息；其次必须提高信息质量，保证信息的准确性；最后必须防止信息迂回、阻塞，保证信息的时效性。

3. 系统原则

系统性是现代决策的重要特点之一。在现代条件下，决策对象通常是一个多因素组成的有机系统，运用系统理论进行决策，是科学决策的重要保证。系统理论是把决策对象看作一个系统，并以这个系统的整体目标为核心，追求整体效应为目的。为此，系统原则要求在决策时，首先应贯彻"整体大于部分之和"的原理，统筹兼顾，全面安排，各要素和单个项目的发展要以整体目标为准绳；其次强调系统内外各层次、各要素、各项目之间的相互关系要协调、平衡配套，要建立反馈系统，实现决策实施运转过程中的动态平衡。

4. 满意原则

决策的满意原则是针对最优化原则提出的。它是指决策不可能避免一切风险，不可能利用一切可以利用的机会，不可能达到最优化，而只能要求令人满意或较为适宜的方案。该原则最早是由西蒙提出的。

最优化的理论假设是把决策者作为完全理性化的人，决策是以绝对理性为指导，按最优化准则行事的结果。但由于组织处在复杂多变的环境中，要使决策者对未来一个时期做出绝对理性的判断，必须具备以下条件：①决策者对相关的一切信息能全部掌握；②决策者对未来的外部环境和内部条件的变化能准确预测；③决策者对可供选择的方案及其后果完全知晓；④决策不受时间和其他资源的约束。显然，这四个条件对任何决策者，无论是个体还是集体，也不论素质有多高，都不可能完全具备。因此决策不可能是最优化的，而只能要求是令人满意的或较为适宜的。

5. 可行性原则

为了使决策付诸实施，决策必须切实可行。可行性原则要求决策者在决策时，不仅要考虑到需要，还要考虑到可能；不仅要估计到有利因素和成功的机会，更要预测到不利条件和失败的风险；不仅要静态地计算需要与可能之间的差距，还要对各种影响因素的发展变化进行定量和定性的动态分析。

6. 集体与个人相结合的原则

坚持集体与个人相结合的原则，又称民主集中制原则，就是既要充分发挥专家和智囊的作用，又要尽力调动各方面的积极性和主动性，使决策建立在广泛民主的基础上，并在民主的基础上进行集中。这样一方面可以充分发挥各方面的专长，提高决策质量，防止个体决策的片面性；另一方面又为决策的实施提供了保证。本原则充分体现了决策科学化和民主化的客观要求。

7. 反馈原则

反馈原则，就是建立反馈系统，用实践来检验决策和修正决策。由于事物的发展和客观环境的不断变化，决策者受知识、经验、能力的限制，致使决策在实施中可能会偏离预定目标，这就需要根据反馈情况采取措施，对原方案或目标加以相应的调整和修正，使决策趋于合理。

（三）决策的依据

做出科学的决策，凭借的是科学、准确、及时的决策依据。决策依据是科学决策的前提。

1. 事实依据

事实是决策的基本依据。在决策中，只有把决策对象的客观情况搞清楚，才能找到目标与现状的差距，才能正确地提出问题和解决问题。如果事实不清楚，或者在对事实的认识和了解中掺进了个人主观的偏见，就会使决策失去基本依据，造成决策从根本上发生失误。这种情况在实际中并不少见。

2. 价值依据

这里的价值是指决策者的价值观、伦理道德观念和某些心理因素。这些因素虽然有主观性，但仍然是决策的依据和前提。这是因为对任何事物的认识和判断都会不可避免地掺进这些主观因素，否则就不能解释为什么对同一事物会有两种或多种截然不同的看法，为什么对同一方案会有截然不同的两种或多种选择。

我们也要正确地认识事实依据与价值依据的关系。两者最基本的关系就是价值判断要以事实为基础。如果离开这个基础，就不可能产生一种正确的价值观。如果价值观离开事实的依据，有时可能做出"好"的决策，却永远做不出正确的决策。

3. 环境、条件依据

所谓环境和条件，是指决策对象事实因素和决策价值因素以外的各种因素，如自然条件、资源条件、社会制度条件、科学技术条件以及人们的文化传统和风俗习惯条件等。在决策中之所以考虑这些因素，是因为这些因素对整个决策，包括决策目标的确定、决策方案的选择以及决策方式的采用等都起着制约作用。也就是说，在决策中，不但要看决策对象在事实上能达到的程度，还必须看由于各种环境和条件所制约而达到的程度。

4. 政策依据

严格地讲，政策依据包含在环境、条件依据之中，基于政策对决策的作用越来越大，因而很有必要把政策依据单独列出来考虑。政策是政党和国家为实现一定历史时期的政治路线或战略任务而制定的行动准则。政策的类别包罗万象，方方面面都有政策。比如，以大类分，有经济政策、教育政策、医疗保障政策、计划生育政策等。每一大类之下，又有系列化的各种各样的具体政策。不同时期的政策，体现着不同时期社会的需要，是组织或企业必须遵守的行为准则，也是决策的基本依据。作为一个管理者和企业家，特别应该随时关注宏观经济走势的变动，并预测政府的政策走向。政府宏观经济政策的变动大体上是有规律可循的，管理者和企业家只要长期关注，自己就会做出正确的判断。例如，在美国，许多美联储的专家在退休后被公司高薪请去当顾问。这些专家之所以被高薪聘用，是因为他们多年分析宏观经济走势与宏观经济政策的经验对这些公司至关重要。这也说明，宏观经济政策是决策的重要依据之一。

二、决策的类型及特征

决策作为一种组织活动，有着丰富的内容与多样的形式，从不同的角度，按照不同的标准，可以把决策分为不同类型。决策类型的多样性是由其内容的丰富性所决定的。对决策进行分类，主要是为了通过分类认识不同类型决策的特征，掌握不同类型决策的规律，并在实际中对不同类型的决策采取不同的决策方式和方法。

（一）决策的类型

从不同的角度，依据不同的标准，决策可以分为不同的类型。

1. 战略决策与战术决策

按决策的影响范围和重要程度，组织的决策可分为战略决策和战术决策。"战略""战术"是从军事学上借用过来的术语，前者涉及对整个战争的总体布局和战役安排，后者指作战方案制订或者战斗进行之中采取的基本作战策略。将这一对军事概念应用到决策活动中，战略决策与战术决策的区别可概括为以下三点。

从调整对象来看，战略决策调整组织的活动方向和内容，战术决策调整在既定方向和内容下的活动方式：战略决策解决的是"做什么"的问题，战术决策解决的是"如何做"的问题，前者是根本性决策，后者是执行性决策。

从涉及的时间范围来看，战略决策面对的是组织整体在未来较长一段时间内的活动，战术决策需要解决的是组织在未来各个较短时间内的行动方案。因此，战略决策是战术决策的依据，战术决策是在战略决策的指导下制定的，是战略决策的落实。

从作用和影响来看，战略决策的实施是组织活动能力的形成与创造过程，战术决策的实施则是对已形成能力的应用。因此，战略决策的实施效果影响组织的长远发展，战术决策的实施效果则主要影响组织的效率与生存。

2. 程序性决策与非程序性决策

按决策问题的重复程度和有无既定的程序可循，组织决策可分为程序性决策与非程序性决策。程序化决策，指经常重复发生，按原定程序、方法和标准进行的决策。处理例行问题，有固定的程序、规则和方法。程序性决策是按预先规定的程序、处理方法和标准来解决管理中经常重复出现的问题，又称重复性决策、定型化决策或常规决策。

非程序性决策指具有极大偶然性、随机性、又无先例可循且具有大量不确定性的决策活动。处理例外问题，无先例可循，依赖于决策者的经验、知识、价值观、决断能力。非程序性决策是为解决不经常重复出现的、非例行的新问题所进行的决策。这类决策又称为一次性决策、非定型化决策或非常规决策，通常是关于重大战略问题的决策。

3. 个体决策与群体决策

从决策主体来看，组织的决策可分为个体决策与群体决策。个体决策的决策者是单个人，所以也称为个人决策。群体决策的决策者可以是几个人、一排人甚至扩大到整个组织的所有成员。"厂长负责制"企业中的决策主要是由厂长个人做出方案抉择，尽管其决策过程中可能接受"工厂管理委员会"这类智囊机构的咨询意见。相比之下,"董事会制"下的决策则是一种群体决策,由集体作出决策方案的选择。

个体决策与群体决策各有优缺点。相对说来,群体决策的一个主要优点是,群体通常能比个体作出质量更高的决策。其原因在于,首先,由群体来制定决策有利于提供更完整的信息,能产生更多的备选方案,并从更广泛的角度对方案进行评价和论证,从而作出更准确、更富有创造性的决策。其次,以群体方式作出决策,也易于增加有关人员对决策方案的接受性。当然,群体决策的效果也受到群体大小、成员从众现象等的影响。要是决策群体成员不能够真正地集思广益,都以一个声音说话,其决策的质量就难以得到提高。此外,从决策群体的规模来看,参与制定决策的人员越多,提出不同意见的可能性虽然增大,但群体就需要花更多的时间和更多的协调来达成相对一致的意见。

4. 经验决策与科学决策

决策的方法实际上多种多样。根据决策者是基于经验还是基于科学分析作出决策,可将决策方法分为经验决策和科学决策两大类。所谓经验决策,是指决策者主要是根据其个人或群体的阅历、知识、智慧、洞察力和直觉判断等人的素质因素而作出决策。所谓科学决策,是指以科学预测、科学思考和科学方法为根据来作出决策。美国耗资 300 多亿美元的"阿波罗"登月计划的成功,就是运用科学决策的范例。在决策问题存在不确定性的条件下,依靠"软"专家的直觉判断和定性分析可能比定量方法更有助于形成正确的决策。

5. 初始决策与追踪决策

从决策解决问题的性质来看,可以将决策分成初始决策与追踪决策两种。

初始决策是指组织对从事某种活动或从事该种活动的方案所进行的初次选择;追踪决策则是在初始决策的基础上对组织活动方向、内容或方式的重新调整。如果说初始决策是在对组织内外环境的某种认识基础上作出的,追踪决策则是由于这种环境条件发生了变化,或者是由于组织对环境特点的认识发生了变化而引起的。显然,组织中的大部分决策都属于追踪决策。

与初始决策相比,追踪决策具有如下特征。

(1) 回溯分析

初始决策是在分析当时条件与预测未来的基础上制定的,而追踪决策则是在原来方案已经实施但发现环境条件有了重大变化或与原先的认识有重大差异的情况下进行的。因此,追踪决策必须从回溯分析开始。回溯分析,就是对初始决策的形成机制与环境条件进行客观分析,列出需要改变决策的原因,以便有针对性地采取调整措施。

（2）非零起点

初始决策是在有关活动尚未进行从而对内外环境没有产生任何影响的前提下进行的。追踪决策则不然，它所面临的条件与对象都已经不是处于初始状态，而是随着初始决策的实施受到了某种程度的改造、干扰和影响。这种影响主要表现在两个方面：第一，随着初始决策的实施，组织与外部协作单位已经建立了一定的关系。第二，随着初始决策的实施，组织内部的有关部门和人员已经开展了相应活动。

（3）双重优化

初始决策是在已知的备选方案中择优，而追踪决策则需要双重优化，也就是说，追踪决策所选的方案，不仅要优于初始决策——因为只有原来的基础有所改善，追踪决策才有意义，而且要在能够改善决策实施效果的各种可行方案中，选择最满意的决策方案。可以说，第一重优化是追踪决策的最低基本要求，第二重优化则是追踪决策应力求实现的根本目标。

6. 确定型决策、风险型决策和非确定型决策

按决策问题所处条件不同，决策可分为确定型决策、风险型决策和非确定型决策。其各自所具有的选择和风险特点如表2-1所示。

表2-1　三种决策方法的特点

决策方法	选择	风险
确定型决策	只有一种选择	没有风险
风险型决策	几个相互排斥的状态	风险概率一定
非确定型决策	几个相互排斥的状态	风险概率不清楚

确定型决策是指在决策过程中，所提出的各备选方案在确知的客观条件下，每个方案只有一种结果，比较其结果优劣作出最优选择的决策。确定型决策是一种肯定状态下的决策。决策者对被决策问题各种方案的条件、性质、后果都有充分了解，各个备选的方案只能有一种结果。这类决策的关键在于选择肯定状态下的最佳方案。这种决策由于没有不确定因素的干扰，便于决策方案的评估和选优。

风险型决策是指决策者对未来的情况无法作出肯定的判断，无论选择哪一种方案都有一定风险的决策。风险型决策的各种方案都存在两种以上的自然状态，在决策过程中所提出的各个备选方案，每个方案都有几种不同结果，其发生的概率也可测算。决策人虽不能完全肯定执行结果，但可以根据概率进行计算作出决策。风险型决策之所以存在，是因为影响预测目标的各种市场因素是复杂多变的，因而每个方案的执行结果都带有很大的随机性。在决策中，不论选择哪种方案，都存在一定的风险性。

非确定型决策是指在决策中存在许多不可控制的因素，决策过程中提出各个备选方案，每个方案有几种不同的结果，但每一结果发生的概率无法知道。在这种条件下的决策就是非确定型的决策。非确定型决策只知道每一方案产生的几种可能结果，但发生的概率并不知道。由于人们对几种可能客观状态出现的随机性规律认识不足，就增大了这类决策的不确定性程度。非确定型决策主要凭决策者的经验和智慧来作出决策。

（二）决策的特征

1. 目标性

任何决策都必须根据一定的目标来制定。目标是组织在未来特定时限内完成任务所预期要达到的水平。没有目标，人们就难以拟订未来的活动方案，评价和比较这些方案也就没有标准，对未来活动效果的检查便失去了依据。旨在选择中调整组织在未来一定时间内活动方向与内容的组织决策，比纯粹个人的决策更具有明确的目的性或目标性。

2. 可行性

组织决策的目的是指导组织未来的活动。组织的任何活动都需要利用一定资源。

缺少必要的人力、物力、财力和技术条件的支持，理论上非常完善的决策方案也只会是空中楼阁。因此决策方案的拟订和选择不仅要考察采取某种行动的必要性，而且要注意实施条件的限制，要考虑决策的可行性。

3. 选择性

决策的实质是选择，或者说"从中择一"。没有选择就没有决策。而要能有所选择，就必须要有可以相互替代的多种方案。事实上，为了实现相同的目标，组织总是可以从事多种不同的活动。这些活动在资源需求、可能结果及风险程度等方面均有所不同。因此，组织决策时要具有选择的可能，即提出多种备选方案。从本质上说，决策目标与决策方案两者都是经由"选择"而确定的。因此在决策时最好注意两点：一是在没有不同意见前，不要做出决策；二是如果看来具有一种行事方法，那么这种方法可能就是错误的。

4. 满意性

选择组织活动的方案，通常根据的是满意原则，而非最优化原则。最优决策往往只是理论上的幻想，因为它要求：决策者了解与组织活动有关的全部信息；决策者能正确地辨识全部信息的有用性，了解其价值，并能据此制订出没有疏漏的行动方案；决策者能够准确地计算每个方案在未来的执行结果；决策者对组织在某段时间内所要达到的结果具有一致而明确的认识。这几个方面的条件在实践中是难以达到的。

5. 动态性

首先，决策的动态性与其过程性相联系。决策不仅是一个过程，而且是不断循环的过程。作为过程，决策是动态的，没有真正的起点，也没有真正的终点。其次，决策的主要目的之一要使组织的活动适应外部环境的变化，然而外部环境是在不断发生变化的，决策者必须不断监视和研究这些变化，从中找到组织可以利用的机会，并在必要时作出新的决策，以及时调整组织的活动，从而更好地实现组织与环境的动态平衡。

三、决策方法

随着管理的发展与科技的进步，决策的方法也在不断地扩展、分化和完善。从不同的角度，按不同的标准，决策的方法有不同的类型。有定性决策方法，有确定活动方向和内容的决策方法，也有有关行动方案选择的决策方法。以下以企业决策为例，介绍几种常用的决策方法。

（一）定性决策方法

1. 专家会议法

所谓专家会议法，就是通过召开有一定数量的专家参加的会议对决策方案的选择作出共同判断。俗话说："三个臭皮匠，胜过诸葛亮。"专家会议可以使专家之间交流信息、启发思路，集思广益，产生"思维共振"，有可能在较短时间内得到富有成效的决策成果。因此，应在时间和其他条件允许的情况下，尽量运用专家会议法进行决策活动。

2. 德尔菲法

德尔菲法又称专家调查法。它是把所要决策的问题和必要的资料，用信函的形式向专家们提出，得到答复后，再把各种意见经过综合、整理和反馈，如此反复多次，直到决策的问题得到较为满意的结果的一种预测方法。德尔菲法具有匿名性、反馈性和统计性等特点。应用德尔菲法进行决策时要注意的问题是：①决策的问题要十分清楚明确，其含义只能有一种解释；②问题的数量不要太多，一般以回答者在较短时间内答完为宜；③要忠于专家们的回答，调查者在任何情况下不得显露自己的倾向；④对于不熟悉这一方法的专家，应事先讲清楚决策的过程与方法；⑤要制定好调查表，选择好专家。

3. 头脑风暴法

头脑风暴法是在专家会议法的基础上加以改良而形成的一种直观型决策方法。运用头脑风暴法进行决策，就是依靠参加会议的专家，通过相互影响、相互启发，产生"思维共振"即创造性设想的连锁反应，从而诱发出更多的创造性设想，达到对决策方案进行合理选择的目的。正是在这一意义上，头脑风暴法也叫作"思维共振法"。

采用头脑风暴法要注意三个方面的问题：一要物色好专家，专家要有一定的实践经验；二要创造一种自由发表意见的气氛，无论是反面意见或离奇古怪的设想都不能被指责或阻碍；三要对所提的设想进行整理分析。

（二）确定活动方向和内容的决策方法

这类方法旨在帮助决策者根据企业自身和外部环境的特点，为整个企业或企业中的某个部门确定其经营活动的基本方向和内容。

1. SWOT 分析法

无论是对企业还是对特定的经营业务来说，决策者要成功地制定出指导其生存和发展的战略，必须在组织目标、外部环境和内部条件三者之间取得动态的平衡。企业不能孤立地看待外部环境的机会和威胁，而必须结合自己的经营目标和内部条件来识别适合于本组织的机会。环境中存在的机会只有在与本企业自身所拥有或将拥有的资源以及与众不同的能力相匹配情况下，它才有可能变成组织的机会。如果存在于环境之中的机会并不与本企业的资源和能力状况相适应，那么组织就必须首先着眼于改善和提高自身的内部条件。

SWOT 分析，就是帮助决策者在企业内部的优势（Strengths）和劣势（Weaknesses）以及外部环境的机会（Opportunities）和威胁（Threats）的动态综合分析中，确定相应的生存和发展战略的一种决策分析方法。通过环境研究，认识到外界在变化过程中可能对组织的存在造成什么样的威胁或提供什么样的发展机会，同时根据组织自身在资源拥有和利用能力上有何优势和劣势，依此两个方面的结合点就可以制订出指导企业生存和发展方向的战略方案。

2. 经营业务组合分析法

这是由美国波士顿咨询公司为大企业确定和平衡其各项业务发展方向及资源分配而提出的战略决策方法。其前提假设是，大部分企业都经营两项以上的业务，这些业务须扩展、维持还是收缩应该立足于企业全局的角度来加以确定，以便使各项经营业务能在现金需要和来源方面形成相互补充、相互促进的良性循环局面。

根据市场增长率和企业相对竞争地位这两项标准，可以把企业所有的经营业务区分为四种类型。

（1）"金牛"业务

该类经营业务的特点是：企业拥有较高的市场占有率，相对竞争地位强，能从经营中获得高额利润和高额现金回笼，但该项业务的市场增长率低，前景并不好，因而不宜投入很多资金盲目追求发展，而应该将其当前市场份额的维护和增加作为经营的主要方向。其目的是使"金牛"类业务成为企业发展其他业务的重要资金来源。

（2）"明星"业务

这类经营业务的市场增长率和企业相对竞争地位都较高，能给企业带来较高的利润，但同时也需企业增加投资，扩大生产规模，以便跟上总体市场的增长速度，巩固和提高市场占有率。因而，"明星"业务的基本特点是无论其所回笼的现金，还是所需要的现金投入，数量都非常大。

（3）"幼童"业务

这类经营业务的市场增值率较高，但企业目前拥有的市场占有率相对较低，其原因很可能是企业刚进入该项相当有前途的经营领域。由于高增长速度要求大量的资金投入，但是较低的市场占有率又只能带来很少量的现金回笼。因此，企业需要将由其他渠道获得的大量现金投入该项"幼童"业务中，使其尽快扩大生产经营规模，提高市场份额。采取这种策略的目的就是使"幼童"业务尽快转变成"明星"业务。

（4）"瘦狗"业务

这是指市场销售增长率比较低，而企业在该市场上也不拥有相对有利的竞争地位的经营业务。由于销售前景和市场份额都比较小，经营这类业务只能给企业带来极微小甚至负值的利润。对这种不景气的"瘦狗"类经营业务，企业应采取缩小规模或者清算、放弃的策略。

经营业务组合分析法之所以被认为是企业经营决策的一种有用工具，是因为它通过将企业所有的经营业务综合到一个平面矩阵图中，依此可以判断企业经营中存在的主要问题及未来的发展方向和发展战略。比较理想的经营业务组合情况应该是：企业有较多的"明星"和"金牛"类业务，同时有一定数量的"幼童"类业务，这样企业在当前和未来都可以取得比较好的现金流量平衡。不然的话，如果产生现金的业务少，而需要投资的业务过多，企业发展就易陷入现金不足的陷阱中；或者相反，企业目前并不拥有需要重点投入资金予以发展的前景业务，则企业就面临发展潜力不足的战略性问题。

（三）有关行动方案选择的决策方法

有关行动方案选择的决策方法主要有三类：确定型决策法、风险型决策法和非确定型决策法。

1. 确定型决策法

决策的理想状态是，无论这一决策下的备选方案有多少，每一方案都只有一种确定无疑的结果，这种具有确定性结果的决策被称为确定型决策。这类决策从作出决定的角度来说并不困难，因为只要推算出各个方案的结果并加以比较，就可判断方案的优劣。对确定型决策问题，制定决策的关键环节是计算出什么样的行动方案能产生最优的经济效果。确定型决策中经常使用的方法包括量本利分析法、投资回报率评价法、现金流量分析法等。这里主要介绍量本利分析法。

量本利分析，也叫作保本分析或盈亏平衡分析，是通过分析产品成本、销售量和销售利润这三个变量之间的关系，掌握盈亏变化的临界点（即保本点），从而定出能产生最大利润的经营方案。

有两种方法，可以帮助管理者确定企业的保本收入和保本产量水平。

（1）图上作业法

图上作业法也就是根据已知的成本和价格资料，绘制量本利关系图。

（2）公式计算法

这是利用数学公式来计算出保本产量和保本收入的方法。根据前面分析的量、本、利变量间的关系，有以下公式：

$$销售收入 = 产量 \times 单价 \tag{2-1}$$

$$生产成本 = 固定费用 + 变动费用 = 固定费用 + 产量 \times 单位产品变动费用 \tag{2-2}$$

据此，我们可以求出用相应的符号表示的盈亏平衡点，计算公式如下：

$$Q_0 \times P = F + Q_0 \times C_V \tag{2-3}$$

式中，Q_0 为销售量；P 为销售价格；F 为固定成本；C_V 为单位产品变动费用。整理上式，可得到：

$$Q_0 = \frac{F}{P - C_V} \tag{2-4}$$

此式即为计算保本产量的基本公式。由于保本收入等于保本产量与销售价格的乘积，因此上式的两边向乘以 P，即可得到计算保本收入的基本公式如下：

$$Q_0 \times P = \frac{F}{P - C_V} \times P \tag{2-5}$$

整理上式，可得到

$$Q_0 = \frac{F}{1 - C_V/P} \tag{2-6}$$

式（2-5）中的 $P - C_V$ 表示企业每生产单位产品所得到的销售收入在扣除变动费用后

的剩余，称作边际贡献。如果边际贡献大于零，则表示企业生产这种产品除了可以收回变动费用外还有一部分收入可用于补偿已支付的固定费用。因此，产品单价即使低于成本但只要大于变动费用，企业生产该产品仍是有好处的。

2. 风险型决策法

风险型决策是指方案实施可能会出现几种不同的情况（自然状态），每种情况下的后果（即效益）是可以确定的，但不可确定的是最终将出现哪一种情况，所以就面临决策的不确定性。风险型决策的方法有很多，这里主要介绍决策树和决策表两种方法。

（1）决策树法

这是一种以树形图来辅助进行各方案期望收益的计算和比较的决策方法。

举个简单的例子（这里不考虑货币的时间价值）。某公司为满足市场对某种新产品的需求，拟扩大生产规模。预计市场对这种新产品的需求量比较大，但也存在销路差的可能性。公司有两种可行的扩大生产规模方案：一个是新建一个工厂，预计需投资 30 万元，销路好时可获得 100 万元，销路不好时亏损 20 万元；另一个是新建一个小厂，需投资 20 万元，销路好时可获得 40 万元，销路不好仍可获利 30 万元。假设市场预测结果显示，此种新产品销路好的概率为 0.7，销路不好的概率为 0.3。根据这些情况，下面用决策树法说明如何选择最佳的方案。

在决策树中，方框口表示决策点，由决策点引出的若干条一级树枝叫作方案枝，它表示该项决策中可供选择的几种备选方案，分别以带有编号的圆形结点①、②等来表示；由各图形结点进一步向右边引出的枝条称为方案的状态枝，每一状态出现的概率可标在每条直线的上方，直线的右端可标出该状态下方案执行所带来的损益值。

用决策树的方法比较和评价不同方案的经济效果，需要进行以下三个步骤的工作。

①根据决策备选方案的数目和对未来环境状态的了解，绘制出决策树图形。

②计算各个方案的期望收益值，首先是计算方案各状态枝的期望值，即用方案在各种自然状态下的损益值去分别乘以各自然状态出现的概率；然后将各状态枝的期望收益值累加，求出每个方案的期望收益值（可将该数值标记在相应方案的圆形结点上方）。

在上例中：

第一方案的期望收益 $=100 \times 0.7 + (-20) \times 0.3 = 64$（万元）

第二方案的期望收益 $=40 \times 0.7 + 30 \times 0.3 = 37$（万元）

③将每个方案的期望收益值减去该方案实施所需要的投资额（该数额标记在相应的方案枝下方），比较余值后就可以选取出经济效果最佳的方案。

在上例中：

第一方案预期的净收益=64-30=34（万元）

第二方案预期的净收益=37-20=17（万元）

比较两者，可看出应选择第一方案（在决策树图中，未被选中的方案是以被"剪断"的符号来表示）。

（2）决策表法

这种方法实际上与决策树法原理相似，只是表示的方式有所不同。仍以前述例子来说明，其决策表如表2-2所示。

表2-2　决策表

单位：万元

方案的自然状态		损益值	概率	期望收益值	投资额	净收益
方案一	销路好	100	0.7	64	30	34
	销路差	-20	0.3			
方案二	销路好	40	0.7	37	20	17
	销路差	30	0.3			

3. 非确定型决策法

非确定型决策是指方案实施的后果可以估计，即可确定出方案在未来可能出现的各种自然状态及其相应的收益情况，但对各种自然状态在未来发生的概率却无法作出判断，从而无法估算期望收益。在这种情况下就只能由决策者根据主观选择的一些原则来比较不同方案的经济效果并选择相对收益最好的方案。决策者个性的不同，其偏好的决策原则可能很不一样。下面以A、B两企业间的竞争为例，介绍非确定型决策的四种典型的方案选择原则。

（1）乐观原则

也称"大中取大"法或者"好中求好"法，也称为逆瓦尔特标准或最大最大法则。这是风险偏好者进行投资决策的选择依据。决策者如果是乐观者，认为未来总会出现最好的自然状态，因此对方案的比较和选择就会倾向于选取那个在最好状态下能带来最大效果的方案。如表2-3所示，乐观者在决策时是根据每个方案在未来可能取得的最大收益值。也就是根据方案在最有利的自然状态下的收益值来进行比较，从中选出能带来最大收益的第4方案作为决策实施方案。

（2）悲观原则

也称"小中取大"法或"坏中求好"法，也称为瓦尔特标准或最大最小法则。这是适合保守型决策者决策时的行为依据。与乐观原则正好相反，悲观的决策者认为未来会出现最差的自然状态，因而为避免风险起见决策时只能以各方案的最小收益值进行比较，从中选取相对收益为大的方案。以表2-3的例子来说，悲观者在决策时首先会试图找出各方案在各种自然状态下的最小收益值，即与最差自然状态相应的收益值，然后进行比较后选择在最差自然状态下仍能带来最大收益（或最小损失）的方案作为实施的决策方案。本例中，按悲观原则所选取的方案是第3方案。

表 2-3　A 企业在竞争对手三种不同反击策略下的收益状态及方案选择

B 企业的可能反应　　　A 企业的策略	B1	B2	B3	乐观原则（X）	悲观原则（Y）	折衷原则（aX+bY）
A1	13	14	11	14	11	
A2	9	15	18	18	9	
A3	24	21	15	24	15	
A4	18	14	28	28	14	
相对收益最大值及选取的方案				28 第 4 方案	15 第 3 方案	

（3）折衷原则

也称为赫维兹标准或"乐观系数"法。持折衷观点的决策者认为，要在乐观与悲观两种极端中求得平衡，即决策时既不能把未来想象得非常光明，也不能看得过于黑暗，最好和最差的自然状态均有出现的可能。因此，可以根据决策者个人的估计，给最好的自然状态定一个乐观系数（a），给最差的自然状态定一个悲观系数（b），两者之和等于 1（即 $a+b=1$）；然后，将各方案在最好自然状态下的收益值和乐观系数相乘所得的积，与各方案在最差自然状态下的收益值和悲观系数的乘积相加，由此求得各方案的期望收益值。经过该值的比较后，从中选出期望收益值最大的方案。

用于计算的权数被称为赫维兹系数或乐观系数 a（$0<a<1$）。偏向乐观时，a 取值为 0.5~1；比较悲观时，a 取值为 0~0.5。通常 a 的取值分布在 0.5±0.2 的范围内。

（4）"最大后悔值最小化"原则

也称为萨维奇标准、最小最大悔值法则或遗憾值标准。这是考虑到决策者在选定某一方案并组织实施后，如果在未来实际遇到的自然状态并不与决策时的判断相吻合，这就意味着当初如果选取其他的方案反而会使企业得到更好的收益，这无形中表明这次决策存在一种机会损失，它构成了决策的"遗憾值"或称"后悔值"。这里"后悔"的意思是：你选择了一种方案，实际上就放弃了其他方案可能增加的收益。所以，决策者将为此而感到后悔。"最大后悔值最小化"原则就是一种力求使每一种方案选择的最大后悔值达到尽量小的决策方法。"最大后悔值最小化"决策方法如表 2-4 所示。

表 2-4　"最大后悔值最小化"决策方法

| B 企业的可能反应
A 企业的策略 | B1 | B2 | B3 | 后悔值 | | | 折衷原则 |
				24-B1	21-B2	28-B3	(aX+bY)
A1	13	14	11	11	7	17	17
A2	9	15	18	15	6	10	15
A3	24	21	15	0	0	13	13
A4	18	14	28	6	7	0	7
相对收益最大值	24	21	28				
最大后悔值中的最小值及选取的决策方案							7 第 4 方案

第三章 ▎ 经济管理的微观视角

第一节 消费者、生产者与市场

一、消费者理论

（一）消费者行为理论模型

1. 彼得模型

彼得模型俗称轮状模型图，是在消费者行为概念的基础上提出来的。它认为消费者行为和感知与认知，行为和环境与营销策略之间是互动和互相作用的，彼得模型可以在一定程度的感知与认知上解释消费者行为，帮助企业制定营销策略。消费者行为分析轮状模型图，包括感知与认知、行为、环境、营销策略四部分内容，如下所示。

①感知与认知是指消费者对于外部环境的事物与行为刺激可能产生的人心理上的两种反应。感知是人对直接作用于感觉器官（如眼睛、耳朵、鼻子、嘴、手指等）的客观事物的个别属性的反映，认知是人脑对外部环境做出反应的各种思想和知识结构。

②行为，即消费者在做什么。

③环境是指消费者的外部世界中各种自然的、社会的刺激因素的综合体。例如，政治环境、法律环境、文化环境、自然环境、人口环境等。

④营销策略指的是企业进行的一系列营销活动，包括战略和营销组合的使用，消费者会采取一种什么样的购买行为，与企业的营销策略有密切的关系。

感知与认知、行为、环境和营销策略四个因素有着本质的联系。感知与认知是消费者的心理活动，心理活动在一定程度上会决定消费者的行为。通常来讲，有什么样的心理就会有什么样的行为。相对应的，消费者行为对感知也会产生重要影响。营销策略和环境也是相互作用的。营销策略会直接地形成环境的一部分，而环境也会对营销策略产生影响。

感知与认知、行为、环境、营销策略随着时间的推移不断地产生交互作用。消费者的感知与认知对环境的把握是营销成功的基础，而企业的营销策略又可以改变消费者行为、消费者的感知与认知等。但不可否认，营销策略也会被其他因素所改变。

2. 霍金斯模型

霍金斯模型，即消费者决策过程的模型，是关于消费者心理与行为和营销策略的模型，该模型被称为将心理学与营销策略整合的最佳典范。

消费者在内外因素影响下形成自我概念（形象）和生活方式，然后消费者的自我概念和生活方式导致一致的需要与欲望产生，这些需要与欲望大部分要求以消费行为获得满足与体验。同时这些也会影响今后的消费心理与行为，特别是对自我概念和生活方式起调节作用。

自我概念是一个人对自身一切的知觉、了解和感受的总和。生活方式是指人如何生活。一般而言，消费者在外部因素和内部因素的作用下首先形成自我概念和自我意识，自我概念再进一步折射为生活方式。人的自我概念与生活方式对消费者的消费行为和选择会产生双向的影响：人们的选择对其自身的生活方式会产生莫大的影响，同时人们的自我概念与现在的生活方式或追求的生活方式也决定了人的消费方式、消费决策与消费行为。

另外，自我概念与生活方式固然重要，但如果消费者处处根据其生活方式而思考，这也未免过于主观，消费者有时在做一些与生活方式相一致的消费决策时，自身却浑然不觉，这与参与程度有一定的关系。

3. 刺激—反应模型

（1）刺激—中介—反应模型

这一模型是人的行为在一定的刺激下通过活动，最后产生反应。它是人类行为的一般模式，简称 SOR（stimuli-organism-response）模型。SOR 模型早在 1974 年由梅拉比安和拉塞尔提出，最初用来解释、分析环境对人类行为的影响，后作为环境心理学理论被引入零售环境中。

任何一位消费者的购买行为，均是来自消费者自身内部的生理、心理因素或是在外部环境的影响下而产生的刺激带来的行为活动。消费者的购买行为过程可归结为消费者在各种因素刺激下，产生购买动机，在动机的驱使下，做出购买某商品的决策，实施购买行为，再形成购后评价。消费者购买行为的一般模式是营销部门计划扩大商品销售的依据。营销部门要认真研究和把握购买者的内心世界。

消费者购买行为模式是对消费者实际购买过程进行形象说明的模式。所谓模式，是指某种事物的标准形式。消费者购买行为模式是指用于表述消费者购买行为过程中的全部或局部变量之间因果关系的图式理论描述。

（2）科特勒的刺激—反应模型

美国著名市场营销学家菲利普·科特勒认为，消费者购买行为模式一般由前后相继的三个部分构成，科特勒的刺激—反应模型清晰地说明了消费者购买行为的一般模式：刺激作用于消费者，经消费者本人内部过程的加工和中介作用，最后使消费者产生各种外部的与产品购买有关的行为①。因此，该模型易于掌握和应用。

（二）消费者购买决策理论

1. 习惯建立理论

该理论认为，消费者的购买行为实质上是一种习惯建立的过程。习惯建立理论的主要内容如下。

①消费者对商品的反复使用形成兴趣与喜好。

②消费者对购买某一种商品的"刺激—反应"的巩固程度。

③强化物可以促进习惯性购买行为的形成。任何新行为的建立和形成都必须使用强化物，而且，只有通过强化物的反复作用，才能使一种新的行为产生、发展、完善和巩固。

习惯建立理论提出，消费者的购买行为，与其对某种商品有关信息的了解程度关联不大，消费者在内在需要激发和外在商品的刺激下，购买了该商品并在使用过程中感觉不错（正强化），那么他可能会再次购买并使用。消费者多次购买某商品，带来的都是正面的反映，购买、使用都是愉快的经历，那么在多种因素的影响下，消费者逐渐形成了一种固定化反应模式，即消费习惯。具有消费习惯的消费者在每次产生消费需要时，首先想到的就是习惯购买的商品，相应的购买行为也就此产生。因此，消费者的购买行为实际上是重复购买并形成习惯的过程，是通过学习逐步建立稳固的条件反射的过程。

以习惯建立理论的角度来看，存在于现实生活中的许多消费行为，可以得到消费行为的解释，消费者通过习惯建立理论来购入商品，不仅可以最大限度地节省选择商品的精力，还可以避免产生一些不必要的风险。当然，习惯建立理论并不能解释所有的消费者购买行为。

2. 效用理论

效用概念最早出现于心理学著作中，用来说明人类的行为可由追求快乐、避免痛苦来

---

①常桦，周妮. 菲利普·科特勒：（行销之父）［M］. 北京：中国物资出版社，2010.

解释，后来这一概念成为西方经济学中的一个基本概念，偏好和收入的相互作用导致人们做出消费选择，而效用则是人们从这种消费选择中获得的愉快或者满足。通俗地说就是一种商品能够给人带来多大的快乐和满足。

效用理论把市场中的消费者描绘成"经济人"或理性的决策者，从而给行为学家很多启示：首先，在商品经济条件下，在有限货币与完全竞争的市场中，效用是决定消费者追求心理满足和享受欲望最大化的心理活动过程。其次，将消费者的心理活动公式化、数量化，使人们便于理解。但需要指出的是，作为一个消费者，他有自己的习惯、价值观和知识经验等，受这些因素的限制，他很难按照效用最大的模式去追求最大效益。

3. 象征性社会行为理论

象征性社会行为理论认为任何商品都是社会商品，都具有某种特定的社会含义，特别是某些专业性强的商品，其社会含义更明显。消费者选择某一商标的商品，主要依赖于这种商标的商品与自我概念的一致（相似）性，也就是所谓商品的象征意义。商品作为一种象征，表达了消费者本人或别人的想法，有人曾说："服饰最初只是一个象征性的东西，穿着者试图通过它引起别人的赞誉。"有利于消费者与他人沟通的商品是最可能成为消费者自我象征的商品。

4. 认知理论

心理学中认知的概念是指过去感知的事物重现面前的确认过程，认知理论是 20 世纪 90 年代以来较为流行的消费行为理论，认知理论把顾客的消费行为看成一个信息处理过程，顾客从接受商品信息开始直到最后做出购买行为，始终与对信息的加工和处理直接相关。这个对商品信息的处理过程就是消费者接收、存储、加工、使用信息的过程，它包括注意、知觉、表象、记忆、思维等一系列认知过程。顾客认知的形成，是由引起刺激的情景和自己内心的思维过程造成的，同样的刺激、同样的情景，对不同的人往往产生不同的效果。认知理论指导企业必须尽最大努力确保其商品和服务在顾客心中形成良好的认知。

（三）消费者行为的影响因素

影响消费者行为的因素主要有两种，分别是个人内在因素与外部环境因素，在此基础上，还可以继续细分，将个人内在因素划分为生理因素与心理因素；将外部环境因素划分为自然环境因素和社会环境因素。可以说消费者行为的产生，是消费者个人与环境交互作用的结果。消费者个人内在因素与外部环境因素，直接影响着和制约着消费者行为的方式、指向及强度。

（四）消费者购买决策的影响因素

1. 他人态度

他人态度是影响购买决策的重要因素之一。他人态度对消费者购买决策的影响程度，取决于他人反对态度的强度及对他人劝告的可接受程度。

2. 预期环境因素

消费者购买决策受到产品价格、产品的预期收益、本人的收入等因素的影响，这些因素是消费者可以预测到的，被称为预期环境因素。

3. 非预期环境因素

消费者在做出购买决策过程中除了受到以上因素影响外，还受到营销人员态度、广告促销、购买条件等因素的影响，这些因素难以预测到，被称为非预期环境因素，它往往与企业营销手段有关。因此，在消费者的购买决策阶段，营销人员一方面要向消费者提供更多的、详细的有关产品的信息，便于消费者比较优缺点；另一方面应通过各种销售服务，促成方便顾客购买的条件，加深其对企业及商品的良好印象，促使消费者做出购买本企业商品的决策。

二、生产者理论

生产者理论主要研究生产者的行为规律，即在资源稀缺的条件下，生产者如何通过合理的资源配置，实现利润最大化。广义的生产者理论涉及这样三个主要问题：第一，投入要素与产量之间的关系。第二，成本与收益的关系。第三，垄断与竞争的关系。以下重点分析第一个问题，即生产者如何通过生产要素与产品的合理组合实现利润最大化。生产是对各种生产要素进行组合以制成产品的行为。在生产中要投入各种生产要素并生产出产品，所以，生产也就是把投入变为产出的过程。

（一）生产者

生产是厂商对各种生产要素进行合理组合，以最大限度地生产出产品产量的行为过程。生产要素的数量、组合与产量之间的关系可以用生产函数来表现。因此，在具体分析生产者行为规律之前，有必要先介绍厂商生产要素、生产函数等相关概念。厂商在西方经济学中，生产者，即企业，是指能够独立做出生产决策的经济单位。在市场经济条件下，厂商作为理性的"经济人"所追求的生产目标一般是利润最大化。厂商可以采取个人性质、合伙性质和公司性质的经营组织形式。在生产者行为的分析中，经济学家经常假设厂商总是试图谋求最大的利润（或最小的亏损）。基于这种假设，就可以对厂商所要生产的数量和为其产品制定的价格做出预测。当然，经济学家实际上并不认为追求利润最大化是人们从事生产和交易活动的唯一动机。企业家还有其他的目标，比如，企业的生存、安逸的生活，以及优厚的薪水等。况且要计算出正确的最大利润化也缺乏资料。尽管如此，从长期来看，厂商的活动看起来很接近于追求最大利润。特别是，如果要建立一个简化的模型，就更有理由认为厂商在制定产量时的支配性动机是追求最大利润。即使在实际生活中厂商没有追求或不愿追求利润最大化，利润最大化至少可以作为一个参考指标去衡量其他目标的实现情况。

（二）生产函数

厂商是通过生产活动来实现最大利润的目标的。生产是将投入的生产要素转换成有效产品和服务的活动。以数学语言来说，生产某种商品时所使用的投入数量与产出数量之间的关系，即生产函数。厂商根据生产函数具体规定的技术约束，把投入要素转变为产出。在某一时刻，生产函数是代表给定的投入量所能产出的最大产量，反过来也可以说，它表示支持一定水平的产出量所需要的最小投入量。因此，在经济分析中，严格地说，生产函数是表示生产要素的数量及其某种数量组合与它所能生产出来的最大产量之间的依存关系，其理论本质在于刻画厂商所面对的技术约束。

在形式化分析的许多方面，厂商是与消费者相似的。消费者购买商品，用以"生产"满足；企业家购买投入要素，用以生产商品。消费者有一种效用函数，厂商有一种生产函数。但实际上，消费者和厂商的分析之间存在着某些实质性的差异。效用函数是主观的，效用并没有一种明确的基数计量方法；生产函数却是客观的，投入和产出是很容易计量的。理性的消费者在既定的收入条件下使效用最大化；企业家类似的行为是在既定的投入下使产出数量最大化，但产出最大化并非其目标。要实现利润最大化，厂商还必须考虑到成本随产量变化而发生的变动，即必须考虑到成本函数。也就是说，厂商的利润最大化问题既涉及生产的技术方面，也涉及生产的经济方面。生产函数只说明：投入要素的各种组合情况都具有技术效率。这就是说，如果减少任何一种要素的投入量就要增加另一种要素的投入量，没有其他生产方式能够得到同样的产量。而技术上无效率的要素组合脱离了生产函数，因为这类组合至少多用了一种投入要素，其他要素投入量则同以前一样，其所生产出的产量却同其他方式一样多。

（三）生产要素

生产要素是指生产活动中所使用的各种经济资源。这些经济资源在物质形态上千差万别，但它们可以分为四种基本形式：劳动、资本、土地和企业家才能。

劳动是指劳动者所提供的服务，可以分为脑力劳动和体力劳动。

资本是指生产出来的生产要素。它有多种表现形式，其基本表现形式为物质资本如厂房、设备、原材料和库存等。此外，它还包括货币资本（流动资金、票据和有价证券）、无形资本（商标、专利和专有技术）和人力资本（经教育、培育和保健获得的体力智力、能力和文化）。

土地是指生产中所使用的，以土地为主要代表的各种自然资源，它是自然界中本来就存在的。例如，土地、水、原始森林、各类矿藏等。

企业家才能是指企业所有者或经营者所具有的管理、组织和协调生产活动的能力。劳动、资本和土地的配置需要企业家进行组织。企业家的基本职责是：组织生产、销售产品和承担风险。生产任何一种产品或劳务，都必须利用各种生产要素。

三、市场理论

（一）市场

市场是商品经济的范畴。哪里有商品，哪里就有市场。但对于什么是市场，却有多种理解，开始人们把市场看作商品交换的场所，如农贸市场、小商品市场等。它是指买方和卖方聚集在一起进行交换商品和劳务的地点。但随着商品经济的发展，市场范围的扩大，人们认识到市场不一定是商品交换的场所，哪里存在商品交换关系，哪里就存在市场。可见，市场的含义，不单指商品和劳务集散的场所，而且指由商品交换联结起来的人与人之间的各种经济关系的总和。

市场由三个要素构成：一是市场主体，即自主经营、自负盈亏的独立的经济法人。它包括从事商品和劳务交易的企业、集团和个人。二是市场客体，指通过市场进行交换的有形或无形的产品、现实存在的产品或未来才存在的产品。三是市场中介，指联结市场各主体之间的有形或无形的媒介与桥梁。市场中介包括联系生产者之间、消费者之间、生产者与消费者、同类生产者和不同类生产者、同类消费者与不同类消费者之间的媒介体系模式。在市场经济中，价格、竞争、市场信息、交易中介人、交易裁判和仲裁机关等都是市场中介。市场的规模和发育程度集中反映了市场经济的发展水平和发育程度。因此，在发展市场经济过程中，必须积极培育市场。

（二）市场经济

1. 市场经济概述

简而言之，市场经济就是通过市场机制来配置资源的经济运行方式。它不是社会制度。众所周知，在任何社会制度下，人们都必须从事以产品和劳务为核心的经济活动。而当人们进行经济活动时，首先要解决以何种方式配置资源的问题。这种资源配置方式，就是通常所说的经济运行方式。由于运用调节的主要手段不同，人们把经济运行方式分为计划与市场两种，前者指采用计划方式来配置资源，被称为计划经济；后者指以市场方式来配置资源，被称为市场经济。可见，市场经济作为经济活动的资源配置方式，不论资本主义还是社会主义都可以使用。它与社会制度没有必然的联系。虽然，市场经济是随着现代化大生产和资本主义生产方式的产生而产生的，但它并不是由资本主义制度所决定的。因为市场经济的形成与发展直接决定于商品经济的发达程度。迄今为止，商品经济发展经历了简单的商品经济、扩大的商品经济和发达的商品经济三个阶段。只有当商品经济进入扩大发展阶段以后，市场经济的形成与发展才具备条件。因为在这个阶段不仅大部分产品已经实现了商品化，而且这种商品化还扩大到生产要素领域。这时，市场机制成为资源配置的主要手段。也就是说，这个阶段的经济活动有四个基本问题，即生产什么、如何生产、为谁生产和由谁决策，都是依靠市场的力量来解决的。由此可见，市场经济是一种区别于社会制度的资源配置方式，即经济运行方式。

2. 市场经济的运行条件

①要有一定数量的产权明晰的、组织结构完整的企业。

②要有完备的市场体系，成为社会经济活动和交往的枢纽。

③要有完整的价格信号体系，能够迅速、准确、明晰地反映市场供求的变化。

④要有完善的规章制度，既要有规范各种基本经济关系的法规，又要有确定市场运作规则的法规，还要有规范特定方面经济行为的单行法规。

⑤要有发达的市场中介服务组织，如信息咨询服务机构行业协会、同业公会、会计师事务所、律师事务所等。

3. 市场经济的特征

市场经济的特征可以归结为以下六个方面。

①市场对资源配置起决定性作用。这里的资源包括人力、物力、财力等经济资源。

②市场体系得到充分发展，不仅有众多的买者和卖者，还有一个完整的市场体系，并形成统一开放的市场。

③从事经营活动的企业，是独立自主、自负盈亏的经济实体，是市场主体。

④社会经济运行主要利用市场所提供的各种经济信号和市场信息调节资源的流动和社会生产的比例。

⑤在统一的市场规则下，形成一定的市场秩序，社会生产、流通、分配和消费在市场中枢的联系和调节下，形成有序的社会再生产网络。

⑥政府依据市场经济运行规律，对经济实行必要的宏观调控，运用经济政策、经济法规、计划指导和必要的行政手段引导市场经济的发展。

第二节　市场需求与供给分析

需求与供给这两个词不仅是经济学最常用的两个词，还是经济领域最常见的两个术语。需求与供给作为市场经济运行的力量，直接影响着每种物品的产量及出售的价格。市场价格在资源配置的过程中发挥着重要作用，既决定着商品的分配，又引导着资源的流向。如果想知道，任何一种事件或政策将如何影响经济并且产生什么样的效应，就应该先考虑它将如何影响需求与供给。

一、市场需求分析

（一）需求的含义

需求是指买方在某一特定时期内，在每一价格水平时，愿意而且能够购买的商品量。消费者的购买愿望和支付能力，共同构成了需求，缺少任何一个条件都不能成为有效需求。这也就是说，需求是买方根据其欲望和购买能力决定想要购买的商品数量。

（二）需求表与需求曲线

对需求的最基本表示是需求表和需求曲线，直接表示价格与需求量之间的基本关系。

1. 需求表

需求表是表示在不影响购买的情况下，一种物品在每一价格水平下与之相对应的需求量之间关系的表格。需求表是以数字表格的形式来说明需求这个概念的，它反映了在不同价格水平下购买者对该商品的需求量。

2. 需求曲线

需求曲线是表示一种商品价格和需求量之间关系的图形，它的横坐标表示的是量，纵坐标表示的是价格。通常，需求曲线是向右下方倾斜的，即需求曲线的斜率为负，这反映出商品的价格和需求量之间是负相关关系。

(三) 需求函数与需求定理

1. 需求函数

需求函数是以代数表达式表示商品价格和需求量之间关系的函数。最简单意义上的需求函数，是将价格（P）作为自变量，需求量（Q_d）作为因变量，函数关系式如下所示：

$$Q_d = a - bP \tag{3-1}$$

其中 a、b 为常数，a 最大需求量，b 为关系系数。

通过价格前面的负号，上式表示出了需求量和价格之间反方向变化的规律。

需求函数表示的经济学含义，如下所示。

①在给定的价格水平下，需求者能够购买的最大商品数量。

②对于给定的具体商品数量，需求者愿意支付的最高价格。

2. 需求定理

从需求表和需求曲线中得出，商品的需求量与其价格是呈反方向变动的，这种关系对经济生活中大部分物品都是适用的，而且，这种关系非常普遍，因此，经济学家称之为需求定理。

需求定理的基本内容是：在其他条件不变的情况下，购买者对某种商品的需求量与价格呈反方向变动，即需求量随着商品本身价格的上升而减少，随着商品本身价格的下降而增加。

(四) 影响需求的因素

除了价格因素，还有许多因素会影响需求，使之发生变化。其中，以下六个方面是比较重要的影响因素。

1. 收入

假如经济危机出现了，公司为了应对危机，会相应地减少员工收入。当收入减少时，个人或家庭的需求一般会相应地减少。就是说，当收入减少时，消费支出的数额会相应地减少，因此，个人或家庭不得不在大多数物品上相应减少消费。在经济学中，当收入减少时，对一种物品的需求也相应减少，这种物品就是正常物品。一般把正常物品定义为：在其他条件相同时，收入增加会引起需求量相应增加的物品。

在人们的日常生活中，消费者购买的物品，并不都是正常物品，随着人们收入水平的提高，人们会对某种物品的需求减少，这种物品就是所谓的低档物品。从经济学的角度来看，把低档物品定义为：在其他条件相同时，随着收入的增加，引起需求量相应减少的物品。

2. 相关商品的价格

相关商品是指与所讨论的商品具有替代或者互补关系的商品。

在其他条件不变时，当一种商品价格下降时，减少了另一种商品的需求量，这两种物品被称为替代品。两种替代商品之间的关系是：价格与需求量呈同方向变动，即一种商品价格上升，将引起另一种商品需求量增加。

在其他条件不变时，当一种商品价格下降时，增加了另一种商品的需求量，这两种物品被称为互补品。两种互补商品之间的关系是：价格与需求量呈反方向变动，即一种商品的价格上升，将引起另一种商品需求量减少。

3. 偏好

决定需求的另一明显因素是消费者偏好。人们一般更乐于购买具有个人偏好的商品。人们的偏好，受很多因素的影响，如广告、从众心理等。当人们的消费偏好发生变动时，相应地对不同商品的需求也会发生变化。

4. 预期

人们对未来的预期也会影响人们现期对产品与劳务的需求。对于某一产品来说，人们通过预期认为该产品的价格会发生变化，若预期结果是涨价，人们会增加当前的购入数量；若预期结果是降价，人们会减少当前的购入数量。

5. 购买者的数量

购买者数量的多少是影响需求的因素之一，如人口增加将会使商品需求量增加。

6. 其他因素

在影响需求的因素中，如民族、风俗习惯、地理区域、社会制度及一国政府采取的不同政策等，都会对需求产生影响。

（五）需求量的变动与需求的变动

1. 需求量的变动

需求量的变动是指其他条件不变的情况下，商品本身价格变动所引起的商品需求量的变动。需求量的变动表现为同一条需求曲线上点的移动。在影响消费者购买决策的许多其他因素不变的情况下，价格的变化直接影响着消费者的消费需求，在经济学中，这就是"需求量的变动"。

2. 需求的变动

在经济分析中，除了要明确"需求量的变动"，还要注意区分"需求的变动"。需求的变动是指商品本身价格不变的情况下，其他因素变动所引起的商品需求的变动。需求的变动表现为需求曲线的左右平行移动。

在需求曲线中，当出现影响消费者的商品需求因素，也就是需求的变动，在某种既定价格时，当人们对商品需求减少时，表现在需求曲线中就是曲线向左移；当人们对商品需求增加时，在需求曲线中就表现为需求曲线向右移。总而言之，需求曲线向右移动被称为需求的增加，需求曲线向左移动被称为需求的减少。

引起需求量变动和需求变动的原因不同，其不仅受到商品价格、收入、相关商品价格的影响，还受到偏好、预期、购买者数量的影响。

二、市场供给分析

（一）供给的含义

供给是指卖方在某一特定时期内，在每一价格水平时，生产者愿意而且能够提供的商品量。供给是生产愿望和生产能力的统一，缺少任何一个条件都不能成为有效供给。这也就是说，供给是卖方根据其生产愿望和生产能力决定想要提供的商品数量，通常用供给表、供给曲线和供给函数三种形式来表述供给。

（二）供给表与供给曲线

1. 供给表

供给表是表示在影响卖方提供某种商品供给的所有条件中，仅有价格因素变动的情况下，商品价格与供给量之间关系的表格。

2. 供给曲线

如果供给表用图形表示，根据供给表描出的曲线就是供给曲线。供给曲线是表示一种商品价格和供给量之间关系的图形。横坐标轴表示的是供给量，纵坐标轴表示的是价格。若是供给曲线是向右上方倾斜的，这反映出商品的价格和供给量之间是正相关的关系。

(三) 供给函数与供给定理

1. 供给函数

供给函数是以代数表达式表示商品价格和供给量之间关系的函数。最简单意义上的供给函数，是将价格（P）作为自变量，供给量（Q_s）作为因变量，供给函数关系如下：

$$Q_s = c + dP \tag{3-2}$$

其中 c、d 为常数，c 为最大需求量，d 为关系系数。

通过价格前面的正号，供给函数表示出供给量和价格之间同方向变化的规律。

供给曲线上的点表示的经济含义，如下所示。

①在给定的价格水平上，供给者愿意提供的最大商品数量。

②对于给定的具体商品数量，生产者愿意索取的最低价格。

2. 供给定理

从供给表和供给曲线中可以得出，某种商品的供给量与其价格是呈同方向变动的。价格与供给量之间的这种关系对经济中大部分物品都是适用的，而且，实际上这种关系非常普遍，因此，经济学家称之为供给定理。

供给定理的基本内容是：在其他条件相同时，某种商品的供给量与价格呈同方向变动，即供给量随着商品本身价格的上升而增加，随着商品本身价格的下降而减少。

(四) 影响供给的因素

有许多变量会影响供给，使供给曲线发生移动，以下因素尤为重要。

1. 生产要素价格

为了生产某种商品，生产者要购买和使用各种生产要素：工人、设备、厂房、原材料、管理人员等。当这些投入要素中的一种或几种价格上升时，生产某种商品的成本就会上升，厂商利用原有投入的资金，将会提供相对减少的商品。如若要素价格大幅度上涨，厂商则会停止生产，不再生产和供给该商品。由此可见，一种商品的供给量与生产该商品的投入要素价格呈负相关。

2. 技术

在资源既定的条件下，生产技术的提高会使资源得到更充分的利用，从而引起供给增加。生产加工过程的机械化、自动化将减少生产原有商品所必需的劳动量，进而减少厂商的生产成本，增加商品的供给量。

3. 相关商品的价格

两种互补商品中，一种商品价格上升，对另一种商品的需求减少，供给将随之减少。互补商品中一种商品的价格和另一种商品的供给呈负相关。

两种替代商品中，一种商品价格上升，对另一种商品的需求增加，供给将随之增加。替代商品中一种商品的价格和另一种商品的供给呈正相关。

4. 预期

厂商现在的商品供给量还取决于对未来的预期。若是预期未来某种商品的价格会上升，厂商就将把现在生产的商品储存起来，而减少当前的市场供给。

5. 生产者的数量

生产者的数量一般和商品的供给呈正相关关系，即如果新的生产者进入该种商品市场，那么市场上同类产品的供给就会增加。

（五）供给量的变动与供给的变动

1. 供给量的变动

供给量的变动是指其他条件不变的情况下，商品本身价格变动所引起的商品供给量的变动。供给量的变动表现为沿着同一条供给曲线上的点移动。

在影响生产者生产决策的许多其他因素不变的情况下，任何一种既定的价格水平时，生产者会提供相对应的商品数量。价格变化会直接导致商品供给量的变化，在经济学中称为"供给量的变动"。

2. 供给的变动

与需求相同，在经济分析中，除了要明确"供给量的变动"，还要注意区分"供给的变动"。供给的变动是指商品本身价格不变的情况下，其他因素变动所引起的商品供给的变动。供给的变动表现为供给曲线左右平行移动。

供给的变动，在某种既定价格时，当某种商品价格上涨时，厂商对该商品的供给减少，此时供给曲线向左移；在某种既定价格时，通过科技手段来使该商品的生产能力变强时，此时供给曲线向右移。供给曲线向右移动被称为供给的增加，供给曲线向左移动被称为供给的减少。

第三节　市场均衡与政府政策

一、市场与均衡

市场上，需求和供给主要是通过价格调节的，围绕着这一主题首先分析需求曲线和供给曲线如何共同决定均衡价格和均衡产量（均衡价格下的需求量和供给量），为什么市场处于均衡状态时社会总剩余达到最大，买者和卖者之间的竞价如何使得非均衡状态向均衡调整。最后，简要介绍一下一般均衡理论，并讨论市场中的非价格机制。

市场将消费决策和生产决策分开，消费者不生产自己消费的产品，生产者也不消费自己生产的产品。但市场又通过交换将消费者和生产者联系起来。市场通常被理解为买卖双方交易的场所，比如传统的庙会、集市，现代的购物中心、百货商店等。但市场又不仅仅是这些看得见、摸得着的实体场所。市场的本质是一种交易关系，它是一个超越了物理空间的概念。随着信息时代的到来，电商已经成为交易的一种新的形式，很多交易是在互联网上依托电商服务器完成的，在这里看不到具体的交易场所，但是这些网络虚拟的交易场所仍然是在经济学研究的市场中进行的。市场的类型多种多样，不仅有物质产品和服务产品的交易市场，而且有作为投入品的要素市场。还有很多无形的标的物也可以成为市场的交易对象，比如专利市场、思想市场等。

无论什么市场，都存在买者和卖者两方。市场交易是一个竞争的过程，不仅有买者和卖者之间的竞争，而且有买者之间的竞争和卖者之间的竞争。比如，生产者之间为获得客户、销售产品而竞争，消费者之间为获得产品而竞争。竞争，意味着每个人都有自由选择的权利，即向谁买、买什么和卖给谁、卖什么的自由。只有在各方都有自由选择权利的制度下，才可以谈得上交易，才能称之为市场。

（一）均衡价格

1. 均衡定义

经济学分析市场的一个基本工具是均衡。均衡分析有一百多年的历史，至今仍然是一个强有力的分析工具。均衡分析最初是经济学家从物理学中借用过来的，它是一种分析不同力量相互作用的方法。在宇宙空间中存在着各种各样的力量，各种力量相互作用，达到一种稳定的状态，即均衡状态。在均衡状态下，没有任何事物会发生新的变化。市场上，供给和需求是两种基本的力量。经济学中的市场均衡，就是指供给和需求的平衡状态。

2. 市场均衡核心

关于市场均衡的概念述说起来就是供给和需求的平衡状态。价格是市场均衡的核心，需求和供给都受价格影响，都是价格的函数。但需求和供给对价格做出反应的方向不同：需求量随着价格的下跌而上升，供给量随着价格的上升而上升。因此，需求量和供给量不可能在任何价格下都相等。但需求和供给的反向变化也意味着，使得需求量和供给量相等的价格是存在的。在经济学上，把使得需求量和供给量相等的价格称为"均衡价格"，对应的需求量（供给量）称为"均衡产量"。也就是说，在均衡价格下，所有的需求虽都能得到满足，所有愿意在这个价格下出售的产品都可以卖出去。

3. 均衡价格与边际成本

当需求量等于供给量时，均衡价格由需求曲线和供给曲线的交点决定的。

（1）供给曲线与边际成本曲线重合

供给曲线与边际成本曲线重合，需求曲线与消费者的边际效用曲线也是重合的。需求曲线上的价格代表了消费者的最高支付意愿，也就是厂商要把某一固定产量的商品全部销售出去，可以卖出的最高价格。为什么随着产量的增加，消费者愿意付的钱越来越少，因为边际效用是递减的。也就是说，每个人一开始总是满足最迫切的需要，他愿意为最迫切的需要付出的代价最大；迫切的需要满足之后，对于不那么迫切的需要，愿意付出的代价相对较小。

（2）供给曲线与生产者的边际成本曲线重合

它可以理解为厂商愿意接受的最低价格。只有消费者愿意付出的价格高于或至少不低于生产者愿意接受的价格时，交易才会给双方带来好处，产品才有可能成交。假设一件商品买家最高只愿意出 10 元钱，但卖家最低只能接受 12 元钱，那么交易就不会出现。因此，有效率的交易只会出现在均衡点的左侧，即需求曲线高于供给曲线的部分。

4. 均衡价格与边际效用

根据前面的论述，均衡价格也可以看作消费者的边际效用等于生产者的边际成本时对应的价格水平，这是因为消费者的最优选择意味着他愿意接受的市场价格等于其边际效用，生产者的最优选择意味着他愿意接受的市场价格等于其边际成本。这样一来，价格就把生产者和消费者联系在一起，均衡实现了双方最优。这个原理可以表示为：

$$边际效用 = 均衡价格 = 边际成本 \qquad (3-3)$$

可见价格是一个杠杆，它在消费者和生产者分离的情况下实现了"鲁滨孙经济"中消费者和生产者一体化情况下的最优选择条件，如下所示：

$$边际效用 = 边际成本 \qquad (3-4)$$

5. 均衡状态下的总剩余

交换带来的社会福利增加总额，即总剩余。总剩余包括两部分：一部分是消费者剩余，另一部分是生产者剩余。消费者剩余就是消费者支付的价格和他实际支付的价格之间的差额。总收入和总成本之间的差值即生产者获得的生产者剩余，也就是利润，其计算公式如下所示：

$$总剩余 = 消费者剩余 + 生产者剩余 \qquad (3-5)$$

均衡不是现实，而是现实发生变化背后的引力。只有在均衡条件下，总剩余才能达到最大，此时的市场效率是最大的。如果市场处于均衡状态的左侧，有一部分价值没有办法实现；如果市场处在均衡状态的右侧，消费者愿意支付的价格小于生产者愿意接受的最低价格，由此会出现亏损，造成社会福利的损失。所以均衡本身对应的是经济学上讲的"最大效率"，偏离均衡就会带来效率损失。当然，现实生活中不可能总是达到最大效率这种状态。更准确地说，均衡不是现实，而是现实发生变化背后的引力。下面分析一下非均衡状态如何向均衡状态调整。

(二) 均衡的移动和调整

不管是供给曲线，还是需求曲线，均会受到很多因素的影响，并且这些影响因素是随时间变化的。影响需求曲线移动的因素有：消费者偏好、收入、替代品和互补品的价格，或者其他制度性的、文化的因素的变化。影响供给曲线移动的因素有：生产技术、要素价格和原材料价格、要素供给量的变化。因此，均衡点就随时间变化而变化，需求和供给的调整过程是动态的，就像追踪一个移动的靶子，而不是追逐着一个固定的目标。

从动态角度看，市场总是处于调整当中，现实经济总是处于非均衡状态。现实中的价格总是和理论上的均衡价格不完全一样，但市场价格总是随时间变化的均衡点不断调整。这就是均衡分析的意义所在。

最后需要指出的一点是，前面把均衡点的变化和调整过程当作一个非人格化的过程。事实上，在现实市场中，均衡点的变化和调整主要是通过企业家活动实现的。企业家是善于判断未来、发现不均衡并组织生产、从事创新活动的人。尽管企业家也会犯错误，但正是他们的存在，使得市场经济不仅有序，而且在不断发展。

（三）非均衡状态及其调整

非均衡状态可以划分为两类，分别是：实际价格低于均衡价格，或实际价格高于均衡价格。通常情况下，当价格低于均衡价格时，消费者愿意购买的数量大于生产者愿意出售的数量，这就出现了供不应求的现象；当价格高于均衡价格时，消费者愿意购买的数量小于生产者愿意出售的数量，这就出现了供大于求的现象。无论哪种情况，都有一方的意愿不能实现，从而导致效率损失。

1. 非均衡状态概述

为什么非均衡状态会出现？最基本的原因是在现实市场中，信息是不完全的。在传统的教科书中，通常假定信息是完全的，每个人都知道供求曲线和交点的位置。在这个假设下，不会有非均衡，这与现实是有出入的。市场通常由若干买家和卖家组成，他们当中每一个个体的决策都会影响整个市场，但没人知道市场的需求曲线和供给曲线具体是什么形状，消费者甚至连自己的需求曲线都画不出来，生产者也画不出自己的供给曲线，更没有人能准确知道其他人的需求和供给，因此，没有人确知均衡点究竟在哪里。但实际交易就是在这种情况下发生的。尽管出于自身利益的考虑，消费者会寻找合适的卖方，生产者也会寻找合适的买方，并希望获得对自己最有利的交易条件，但这又会带来交易成本和等待的成本。因此，交易不可能从均衡价格开始。非均衡状态还可以理解为一种后悔的状态：当消费者按照商家的标价购买一件商品后，过一段时间发现该商品价格下降了，那当初消费者实际支付的价格就是非均衡价格，这就表现出消费者的"后悔"。同样，当生产者把产品卖出后如果发现价格上涨了，也会感到"后悔"。

2. 现实交易向均衡状态的调整

尽管现实不可能处于均衡状态，但现实交易总是有向均衡状态调整的趋势。这种调整是买者和卖者竞争的结果，买者之间和卖者之间的竞争使价格从不均衡趋向均衡。现在就来分析一下可能的调整过程。

首先考虑价格低于均衡价格的情况。设想由于某种原因，企业预期的价格低于均衡价格，此时市场上供给的产品数量将少于消费者愿意购买的数量。当一部分消费者发现自己的购买意愿难以实现时，他们就愿意支付更高的价格；企业看到奇货可居，也会提高价格。随着价格的上升，一方面，消费者会减少需求，有些消费者甚至会完全退出市场；另一方面，企业会修正自己的预期，看到价格上升就会增加供给。如此这般，只要供给小于需求，价格就会向上调整，需求量随之减少，供给量随之增加，直到均衡为止。

其次考虑价格高于均衡价格的情况。如果市场价格高于均衡价格水平，企业会选择较高的产量，但在市场上，需求量低于供给量，造成部分商品生产出来后卖不出去。此时，由于销售困难，部分厂商会选择降价销售，以便清理库存，结果市场价格逐渐下降。随着价格的下降，企业相应地减少产量，部分原来的生产者退出了市场，导致市场供给量下降；同时，随着价格的走低，部分潜在消费者进入了市场，需求量增加。如此这般，只要供给大于需求，价格就会向下调整，需求量随之增加，供给量随之减少，直至均衡为止。

(四) 亚当·斯密论的价格调整

市场上任何一个商品的供售量，如果不够满足对这种商品的有效需求，那些愿支付这种商品出售前所必须支付的地租、劳动工资和利润的全部价值的人，就不能得到他们所需要的数量的供给。他们当中有些人，不愿得不到这种商品，宁愿接受较高的价格，于是竞争便在需求者中间发生。而市场价格便或多或少地上升到自然价格（类似长期均衡价格）以上。价格上升程度的大小，要看货品的缺乏程度及竞争者富有程度和浪费程度所引起的竞争热烈程度的大小。

反之，如果市场上这种商品的供售量超过了它的有效需求，这种商品就不可能全部卖给那些愿意支付这种商品出售前所必须支付的地租、劳动工资和利润的全部价值的人，其中一部分必须售给出价较低的人。这一部分商品价格的低落，必使全体商品价格随之低落。这样，它的市场价格，便或多或少降到自然价格以下。下降程度的大小，要看超过额是怎样加剧卖方的竞争，或者说，要看卖方是怎样急于要把商品卖出的。

如果市场上这种商品量不多不少，恰好够供给它的有效需求，市场价格便和自然价格完全相同，或大致相同。所以，这种商品全部都能以自然价格售出，而不能以更高价格售出。各厂商之间的竞争使他们都得接受这个价格，但不能接受更低的价格。

当然，无论供不应求还是供过于求，现实中的调整都比前面描述的要复杂一些。比如，在供不应求的情况下，市场价格也许会短期内冲到消费者可接受的最高点，然后再随着供给量的增加逐步回落，经过一段时间的震荡后，逐步趋于均衡；在供过于求的情况下，市场价格也许会短期内跌落到消费者愿意支付的最低点，然后随着供给量的减少逐步回升，经过一段时间的震荡后，逐步趋于均衡。

调整过程需要多长时间，不同产品、市场是不同的。特别是，由于需求很容易及时调整，调整的快慢主要取决于产品的生产周期。生产周期越长的产品，调整的速度越慢，例如，农作物的生产周期是以年计算的，调整至少需要一年的时间；服装的生产周期很短，调整相对快一些。

容易设想，如果需求曲线和供给曲线不随时间而变化，则不论调整的时间多长，市场价格最终一定会收敛于均衡水平。现实中，尽管绝大部分产品市场达不到经济学意义上的均衡，但仍然可以达到日常生活意义上的均衡，即：在现行的价格下，消费者的意愿需求总可以得到满足，生产者也可以售出自己计划生产的产品。实际价格的相对稳定性就证明了这一点。

现实市场之所以达不到经济学意义上的均衡，是因为需求曲线和供给曲线都随时间变化而变化。

（五）　一般均衡与非价格机制的调整

1. 一般均衡理论

前面讲的单一产品市场的均衡是局部均衡。一般均衡或总体均衡，是指所有市场同时达到均衡的状态。这里的市场不仅包括产品市场，还包括劳动力市场和资本市场。以下是关于产品市场的一般均衡相关内容。

（1）一般均衡定义

所有的产品，需求量等于供给量，即市场实现了一般均衡，或者说，消费者的总支出等于生产者的总收入（现实中，生产者的收入是通过要素价格的形式获得的）。

一般均衡又称为瓦尔拉斯均衡。经济学家花了将近一百年的时间，孜孜以求证明一般均衡的存在性和稳定性。最初，经济学家试图用求解联立方程的方式证明解的存在性和稳定性，但并不成功。20世纪50年代，阿罗、德布罗等人应用拓扑学和数学上的不动点定理，建立了现在经济学的一般均衡理论，并因此获得了诺贝尔经济学奖。因此，一般均衡又称为"阿罗—德布罗定理"[①]。

（2）一般均衡的基本特征

在均衡状态，每个消费者都达到效用最大化的消费选择，每个生产者都达到利润最大化的产量选择；所有的产品市场都出清，所有的要素市场都达到供求平衡；所有消费者都能买到自己想买的产品，所有生产者都能卖出自己计划生产的产品；想找工作的劳动者一定能找到工作，想雇人的企业定能雇到人；想借钱的生产者一定能借到钱，能出贷的贷款人一定能把钱贷出去。

（3）一般均衡的条件

一般均衡有一个条件：如果一种产品出现过剩，则价格等于零，等于说它给人们带来

---

① 刘玉瑾. 经济学 [M]. 沈阳：东北大学出版社，2003.

的边际效用为零。完全竞争企业的收入等于成本，没有超额利润。

（4）理论上的一般均衡

理论上，一般均衡是通过价格的不断试错而实现的：对于任意给定的一组价格，如果某种产品供过于求，该产品的价格就向下调整；如果供不应求，该产品的价格就向上调整。这样，经过若干次的调整，所有产品的价格都趋于均衡。

（5）一般均衡的意义

一般均衡在理论上很完美，但现实经济不可能达到一般均衡。尽管如此，一般均衡理论仍然是很有意义的，如下所示。

第一，它为分析市场提供了一个参照系。

第二，它有助于分析政策的直接和间接效果。

一个经济体系中，任何一个市场的价格变化不仅会引起该商品需求和供给的变化，而且会对其他商品的需求和供给产生影响，甚至引发劳动力市场、土地市场等要素市场的变化。这就是日常讲的"牵一发而动全身"。一般均衡模型可以把这些直接效果和间接效果都考虑进去，因此可以分析任何一个变量的变化引起的总体效果。

比如说，当政府对某种商品征税时，为了理解由此引起的整个经济的总效率如何变化，不仅要考虑税收如何影响商品的供求和价格，而且要考虑其他商品和要素的供求和价格如何变化。只有这样，才能准确评价政府征税对现实经济的总体影响。因此，一般均衡理论对福利经济学非常重要。当然，正因为一般均衡分析过于复杂，大部分经济学家仍然偏好于局部均衡分析。一般均衡理论也意味着，如果由于某种原因某种商品的市场偏离了原来的均衡，则所有其他商品的市场也应该偏离原来的均衡。

比如说，假定经济由两种商品组成，在均衡的情况下，第一种商品的产量是 8 个单位，第二种商品的产量是 10 个单位。如果政府规定第一种商品只能生产 7 个单位，那么第二种商品的最优产量就应该做相应的调整，而不应该是原来的 10 个单位。这就是所谓的"次优理论"。

2. 市场的非价格机制

（1）非价格机制调节概述

非价格机制，是指通过配额、排队、限制等手段来调节供求。一般来说，价格是协调供求最有效的手段，如果价格不受管制，那么自由的市场竞价会使市场趋向均衡，尽管不能每时每刻都达到均衡。有时候政府会出于收入分配或其他目的限制竞价，如政府对一些特定产品实行配额生产或消费，政府有时候也要求企业必须雇用某些特定的员工。如前面指出的，整体来说，政府利用非价格手段干预市场会使经济产生效率损失。

但值得注意的是，在市场经济中，企业也会使用一些非价格手段调节需求。比如说，当某种产品非常紧俏的时候，企业并不一定把价格提高到供求相等的水平，而是在维持价格不变的情况下实行限额购买。特别是，在金融市场和劳动力市场上，企业使用非价格手段更为频繁。比如说，银行并不把利率调整到某一水平，使得所有想贷款的人都能贷到款，而是对所有申请贷款的人进行资格审查，然后决定将款项贷给谁、不贷给谁以及贷多少。在劳动力市场上，即使求职者愿意以更低的工资获得工作机会，企业也可能不愿意降低工资，而是宁可在保持工资不变的情况下少雇用工人。

（2）非价格机制的应用

企业为什么使用非价格手段？无疑，有些情况下企业这样做是出于非经济因素的考虑，包括社会公正、舆论压力等。比如说，在自然灾害发生时，企业不愿意把产品价格提高到供求均衡的水平，可能是因为希望给每个人提供基本的生活保障，也可能是害怕被民众批评"发国难财"。但总体来说，企业使用非价格手段通常也是出于利润最大化的动机。事实上，这些手段之所以被认为是非价格手段，是因为人们对产品的定义有误解。很多非价格机制，在其本质上可以还原价格机制。

现实中有一种定价叫作打包价格机制。例如，迪士尼乐园的一张门票包含若干活动项目，理论上消费者拿一张通票可以玩遍所有的项目，但实际上一天下来去不了几个地方，因为每个地方都排着很长的队。所以，名义价格不变，不等于实际价格不变，非价格调节机制可以改变真实的价格。

二、政府干预的效率损失

（一）价格管制及其后果

在市场经济国家，政府有时会对价格和工资实行限制。与计划经济的政府定价不同的是，市场经济国家的价格管制一般只规定最高限价或最低限价，而不是直接定价。最高限价，即规定交易价格不能高于某个特定的水平，也就是卖出商品的标价不能超过规定的最高价格。最高价格一定低于均衡价格，否则是没有意义的。

最高限价会带来什么后果呢？从效率上来看，本来一些不是非常需要这个商品的人也进入了市场，该商品对这些消费者的效用并不高，但他们也很可能获得该商品，这对于社会资源是一种浪费。而该商品对另外一些人的价值较大，但在限价后他们可能买不到这种商品，这又是一种损失。政府会有什么对策呢？既然需求大于供给，政府可以选择的一个办法是强制企业生产市场需要的产量。这就是为什么价格管制经常会伴随计划性生产的主要原因。强制生产的结果是什么？假如政府的生产计划确实能够实现，此时生产的边际成本远远大于商品给消费者带来的边际价值，这是一种资源的浪费。

有时候政府制定了最高限价并强制企业生产，如果企业亏损则给予财政补贴。但这会弱化企业降低成本的积极性，甚至诱导企业故意增加成本、制造亏损，因为亏损越多，得到的补贴越多，不亏损就没有补贴。这又是一种效率损失。

如果政府没有办法强制企业生产，那就只能配额消费，在1200个单位的需求量里面分配400个单位的产量。配额会引起什么问题呢？如果政府通过抓阄的方式随机分配配额，将导致前面讲的效率损失，因为能得到该商品的并不一定是需求最迫切的消费者。

现在转向讨论最低限价政策。最低限价的直接目的是使得交易价格高于市场均衡价格。与最高限价的情况相反，如果政府为了保护某个产业，出台政策规定相关产品的交易价格不能低于某个最低价格，这将导致供过于求。

为了解决供过于求的问题，政府就不得不实行配额生产。即便政府能够保证把配额分配给成本最低的企业，但由于与需求量对应的产量小于均衡价格下的产量，也存在效率损失。当然，政府也可以强制消费者购买过剩的产量，但这样做不仅损害了效率，而且限制了消费者的选择自由。如果政府既不能成功地实行生产配额，也不能成功地强制消费，最低限价也就没有办法维持。解决问题的办法是把生产者价格和消费者价格分开，这就需要对生产者给予价格补贴，每个单位产品的补贴额等于生产者价格和消费者价格的差额。对生产者来说，这种补贴是一种收益，但对整个社会来讲，则是总剩余的减少。

（二）税收如何影响价格

政府干预市场的另一个方式是征税。政府需要征税获得财政收入，税收的结构和额度将会改变市场的均衡状态。政府征税类似在供求之间加入一个楔子，对价格和交易量都会产生影响。税负最终由谁来承担？这依赖于需求曲线和供给曲线的特征。但是无论如何，税负通常会降低交易效率。

1. 从量税

税收中有一种税叫作从量税，是对生产者销售的每一单位产品进行征税。征收这种从量税以后，成交价格上涨了，均衡数量下降了。

下面来分析税收是由谁来承担的。表面上看消费者没有直接交税，但并非如此，实际上消费者与生产者共同承担起了税收。政府征走的税收可以作为转移支付，不会降低总剩余。但是征税后交易量的下降却降低了总剩余。可见，从量税会导致一定的效率损失。另外一种从量税是对消费者征税，与政府对生产者征税时相同。

现在来看一种特殊的情况。假如供给曲线与价格没有关系，而需求曲线向下倾斜，垂直的供给曲线并不发生变化，均衡价格、量产也不变化，在这种情况下，税收全部由生产者承担。如果从量税是对消费者征收的，消费量没变，实际支出与没有税收时是一样的。税收仍然全部由生产者承担。再看另外一种情况，假如供给是有弹性的，而需求是无弹性的，也就是通常所说的"刚需"。生产者没有承担税收，此时税收全部由消费者承担。假设供求曲线不变，税收这时仍全部由消费者承担。只要需求和供给都有一定的弹性，税收就会造成生产效率的下降。

由此可以得出这样的结论：如果供给是无弹性的，需求是有弹性的，税收将全部由生产者承担；如果需求是无弹性的，供给是有弹性的，税收将全部由消费者承担。

一般情况下，无论向哪一方征税，供给弹性和需求弹性的比值直接决定着税收的分担比例。简单来讲，就是供给与需求哪一方弹性小，相应负担的税收就大，一方面，需求弹性相对小，则消费者承担的税收比重高；另一方面，供给弹性相对小，则生产者承担的税收比重高。政府的税收政策一般会带来效率损失。只有在需求或供给无弹性的时候，税收才不会造成效率损失，此时税收全部由消费者或生产者承担，不会导致交易数量的变化。只要需求和供给都有一定的弹性，税收就会造成生产效率下降。

生活必需品的需求弹性是比较小的，比如粮食价格上涨50%，人们的消费量不会减少50%。所以对生活必需品的征税大部分转嫁给消费者。奢侈品通常需求弹性比较大，承担税收的主要是生产者。

2. 从价税

从量税是根据销售数量定额征收，从价税是根据销售价格按一定比例征收。无论哪种情况，只要供给和需求都是有弹性的，税收就会产生效率损失。

3. 所得税

除了对交易征税，政府还会对个人和企业的收入征税，称为所得税。它是以所得额为课税对象的税收的总称。很多地方征收公司所得税，同时还有个人所得税。总体来讲，税收不可能最终只由纳税人来承担，否则也会有效率损失。因为税收影响生产者的积极性，所以生产者会提高价格：假如所得税税率过高，没人愿意生产了，行业的供给量将会减少，就要承担部分税收。设想一个极端的情况，企业赚的钱都纳税了，就没人愿意办企业了。

第四章 ▎经济管理的宏观视角

第一节 宏观经济分析

一、宏观经济分析的意义和内容

宏观经济分析的研究方法主要是总量分析方法。经济总量是指反映国民经济整体运行状况的经济变量，包括国民总收入、总消费、总投资、总储蓄、总供给、总需求、通货膨胀率、失业率、利率、经济增长率等。总量分析方法就是研究经济总量的决定、变动及其相互关系，以及以此为基础说明国民经济运行状况和宏观经济政策选择的方法。

作为一个开放的经济体，宏观经济运行涉及居民、企业、政府和国外四个部门的经济变量。宏观经济分析就是结合四大部门的运行来揭示一国经济的国民总收入、总消费、总投资、总储蓄、总供给、总需求、通货膨胀率、失业率、利率、经济增长率等宏观变量是如何变动的。在经济运行和经济管理过程中，要求管理者必须对国家的宏观经济有一定的认识，能够较为清楚地分析当前的国民经济运行状况，理解国家的宏观政策导向和未来变动趋势，以及对管理的影响，从而更好地进行管理。

二、国民收入核算体系指标

（一）国内生产总值

1. 国内生产总值的概念

国内生产总值（GDP）是指一个国家或地区在一定时期内（通常指一年）所生产出的全部最终产品和劳务的价值。GDP 常被公认为是衡量国家经济状况的最佳指标，能够反映一个国家的经济表现和一国的国力与财富。正确理解 GDP 要把握以下几方面。

第一，GDP 是一个市场价值概念。GDP 计入的最终产品和劳务的价值应该是市场活动导致的价值。市场价值就是所生产出的全部最终产品和劳务的价值，都是用货币加以衡量的，即用全部最终产品和劳务的单位价格乘以产量求得的。非市场活动提供的最终产品和劳务因其不用于市场交换，没有价格，因而就没有计入 GDP。例如，农民自给自足的食物、由家庭成员自己完成家务劳动、抚育孩子等这些人们自己做而不雇用他人做的事情，就没有计入 GDP。但如果非市场活动（自己做家务）变成市场交易（雇保姆做家务），就计入 GDP；过去抚育孩子不算 GDP，现在孩子日托就要算进 GDP。社会分工越细，非市场行为就会更多地市场化，这对 GDP 的贡献可是很大的。

第二，GDP 衡量的是最终产品的价值。GDP 核算时不能计入中间产品的价值，否则就会造成重复计算。中间产品是指生产出来后又被消耗或加工形成其他新产品的产品，一般指生产过程中消耗掉的各种原材料、辅助材料、燃料、动力、低值易耗品和有关的生产性服务等；最终产品是指在本期生产出来而不被消耗加工，可供最终使用的那些产品，具体包括各种消费品、固定资产投资品、出口产品等。

第三，GDP 衡量的是有形的产品和无形的产品。GDP 计入的最终产品不仅包括有形的产品，而且包括无形的产品，如旅游、服务、卫生、教育等行业提供的劳务，这些劳务同样按其所获得的报酬计入 CDP 中。

第四，GDP 计入的是在一定时期内所生产而不是销售的最终产品和劳务的价值。计算 GDP 时，只计算当期生产的产品和劳务，不能包括以前生产的产品和劳务，即使是当年生产出来的未销售出去的存货也都要计入进去。

第五，GDP 是一个地域概念。GDP 是指在一国范围内生产的最终产品和劳务的价值，包括在本国的外国公民提供生产要素生产的最终产品和劳务的价值，但不包括本国公民在国外提供生产要素生产的最终产品和劳务的价值。这是 GDP 区分于后面提到的国民生产总值的关键点。

第六，GDP 是流量而不是存量。GDP 核算的是在一定时期内生产的最终产品和劳务的价值，是流量，而不是存量（存量是指某一时点上观测或测量到的变量）。

2. 国内生产总值的计算

GDP 是一个国家或地区在一定时期内经济活动的最终成果，为了把 GDP 核算出来，有三种方法可供选择——支出法、收入法和生产法。

支出法又叫产品支出法、产品流动法或最终产品法。它是从产品的使用去向出发，把一定时期内需求者购买最终产品和劳务所支出的货币加总起来计算 GDP 的方法。

生产法也就是增加值法，即先求出各部门产品和劳务的总产出，然后从总产出中相应扣除各部门的中间消耗，求出各部门的增加值，最后汇总所有部门的增加值得出 GDP。

收入法是从生产要素在生产领域得到初次分配收入的角度来进行计算的，也称分配法。把生产要素在生产中所得到的各种收入相加来计算的 GDP，即把劳动所得到的工资、土地所有者得到的地租、资本所得到的利息以及企业家才能得到的利润相加来计算 CDP。这种方法又叫要素支付法、要素成本法。在没有政府参与的情况下，企业的增加值，即创造的 GDP 就等于要素收入加上折旧（企业在支付其生产要素前先扣除折旧）；当政府参与经济后，政府往往征收间接税，这时的 GDP 还应包括间接税和企业转移支付。

（二）宏观经济分析中的其他总量指标及其关系

在国民收入核算体系中，除了国内生产总值，还有国民生产总值、国民生产净值、国民收入、个人收入以及个人可支配收入等相关概念。这些概念和国内生产总值一起统称为广义的国民收入，这样就能够更全面地衡量一国经济发展的总体水平和国民生活水平。

1. 国民生产总值

与 GDP 不同，国民生产总值（GNP）是按照国民原则来计算的，即凡是本国国民（包括境内公民及境外具有本国国籍公民）所生产的最终产品和劳务的价值，不管是否发生在国内，都应计入国民生产总值。国民生产总值同国内生产总值一样都有名义和实际之分。

2. 国民生产净值

国民生产净值（NNP）是指经济社会新创造的价值。国民生产净值等于国民生产总值减去资本（包括厂房、设备）折旧的余额。

国民生产净值是一个国家一年中的国民生产总值减去生产过程产净值，比国民生产总值更易于反映国民收入和社会财富变动的情况，但由于折旧费的计算方法不一，政府的折旧政策也会变动，国民生产总值比国民生产净值更容易确定统计标准，因此，各国实际还是常用国民生产总值而不常用国民生产净值。

3. 国民收入

国民收入（NI）定义为一国生产要素（指劳动、资本、土地、企业家才能等）所取得收入的总和，即工资、利息、租金和利润之和。国民收入等于国民生产净值减去企业间接税。间接税也称流转税，是按照商品和劳务流转额计算征收的税收，这些税收虽然是由纳税人负责缴纳，但最终是由产品和劳务的购买者即消费者负担，所以称为间接税，包括增值税、消费税和营业税等。

这里的国民收入定义是一个狭义的概念。国民收入是反映整体经济活动的重要指标，因此，常被使用于宏观经济学的研究中，也是国际投资者非常关注的国际统计项目。

4. 个人收入

个人收入（PI）是指个人从经济活动中获得的收入。国民收入不是个人收入，一方面，国民收入中有三个主要项目是非个人接受的部分，不会成为个人收入，这三个主要项目就是公司未分配利润、公司所得税和社会保险税；另一方面，国民收入没有计入在内，但实际又属于个人收入的部分，这里指并非由于提供生产性劳务而获得的其他个人收入，如政府转移支付、利息调整、红利和股息等，虽然不属于国民收入（生产要素报酬）却会成为个人收入。因此，个人收入等于国民收入减去非个人接受的部分，再加上并非由于提供生产性劳务而获得的其他个人收入。个人收入是预测个人的消费能力、未来消费者的购买动向及评估经济情况好坏的一个有效的指标。

5. 个人可支配收入

个人可支配收入（DPI）是指一个国家所有个人（包括私人非营利机构）在一定时期内实际得到的可用于个人消费和储蓄的那一部分收入。个人可支配收入等于个人收入扣除向政府缴纳的各种税收和费用的余额。如个人缴纳的所得税、遗产税和赠予税、房产税等以及交给政府的非商业性费用。个人可支配收入被认为是消费开支的最重要的决定性因素，因而，常被用来衡量一国生活水平的变化情况。

三、价格水平指标

宏观经济分析中，用当前市场价格来计算的各种变量被称为名义变量。从一定意义上说，名义变量只解决了将不同种类的产品和劳务加总的问题。但是，比较两个不同时期的同一宏观经济变量的变化情况时，人们往往要分清楚这种总量的变化，有多少成分是由于产品和劳务量的增加所带来的，多少是由价格的变化所引起的。

宏观经济分析中，为了分析国民财富的变化，往往需要剔除价格因素的变动，只研究产品和劳务的数量变化。常用的方法是用不变价格来衡量经济变量，即用以前某一年（称为基年）的价格为基准，衡量经济变量的数值。

宏观经济分析中，用不变价格衡量的 GDP 被称为实际的 GDP。例如，如果把 1982 年作为基年，那么 1997 年的实际 GDP 是指 1997 年生产出来的全部最终产品和劳务用 1982 年的价格计算出来的价值。名义 GDP 是用生产的产品和劳务的当期价格计算出来的 GDP，而实际 GDP 是用统计时确定的某一年（称为基年）的价格计算出来的 GDP。可以看出，实际 GDP 的变化已经排除了价格的变化，单纯反映产品和劳务数量所引起的变化。宏观经济分析中，把剔除价格变化后两个经济总量对比的结果叫作价格指数。

宏观经济分析中常用的价格指数主要有 GDP 折算数、消费者价格指数、生产者价格指数和农产品生产价格指数。

（一）GDP 折算数

假定某一年的名义 GDP 增加了，但该年的实际 GDP 没有变动。直观上容易理解，这时名义 GDP 的增加一定是由于经济中价格增加导致的。这一考虑就引出了 GDP 折算数的定义。所谓 GDP 在第 t 年的折算数是名义 GDP 与同一年实际 GDP 的比率，即 GDP 折算数＝名义 GDP/实际 GDP。

（二）消费者价格指数

消费者价格指数（CPI）是用来衡量城市居民购买一定的有代表性的产品和劳务组合的成本变化的指数。也就是说，消费者价格指数是反映消费者生活成本的变动情况。在计算中，消费商品采取抽样的方式，抽样的范围仅限于有代表性的商品。大多数国家都编制居民消费价格指数，反映城乡居民购买并用于消费的消费品及服务价格水平的变动情况，并用它来反映通货膨胀程度。

（三）生产者价格指数

生产者价格指数（PPI）是用来衡量生产成本变化的指数，它的计算中仅考虑有代表性的生产投入品，如原材料、半成品和工资等。

（四）农产品生产价格指数

农产品生产价格指数是反映一定时期内农产品生产者出售农产品价格水平变动趋势及幅度的相对数。该指数可以客观反映全国农产品生产价格水平和结构变动情况，满足农业与国民经济核算需要。

四、就业与失业指标

就业与失业指标是反映劳动力市场状况最主要的两个指标，关系到社会稳定和经济发展，是各国政府制定经济政策时密切关注的依据。

（一）劳动力、就业与失业

1. 劳动力

一个经济中一定时点的总人口可以划分为劳动年龄人口和非劳动年龄人口。劳动年龄人口可以进一步划分为劳动力人口和非劳动力人口。劳动力人口简称劳动力，是指一定时点内具有劳动能力的劳动适龄人口。劳动力概念的界定要考虑两个因素：一是具有劳动能力的人口；二是劳动适龄人口。根据各国劳动就业统计的惯例，下列人员一般不属于劳动力：军队人员；在校学生；家务劳动者；退休和因病退职人员以及劳动年龄内丧失劳动能力、服刑犯人等不能工作的人员；特殊原因不愿工作的人员；在家庭农场或家庭企业每周工作少于 15 个小时的人员。由此可见，在劳动年龄人口中减去以上六类非劳动力人口的余下部分称为劳动力。在我国劳动力统计中，把超过或不足劳动年龄，但实际参加社会劳动并领取劳动报酬和收入的人口也计算在内，主要包括农业中经常参加劳动的超过或不足劳动年龄的人口、退休后参加社会劳动领取工资补差或劳动报酬以及领取其他经济收入的人口。

2. 就业

就业是指具有劳动能力的公民，依法从事某种有报酬或劳动收入的社会活动。就业人员不分所有制结构（国有、集体、外资、个体等）和不分用工形式（固定工、合同工、临时工等），只要从事劳动并取得合法劳动报酬或经营收入都是就业人员。但不包括从事义务性劳动、社会性救济劳动、家务劳动或从事非法劳动的人员。充分就业已经成为我国宏观经济政策的重要标志。

3. 失业

在宏观经济分析中，失业是指有劳动能力符合工作条件、有工作愿望并且愿意接受现行工资的人没有找到工作的一种社会现象。按照国际劳工组织的标准，失业者是指在一定年龄之上，在参考时间内没有工作，目前可以工作而且正在寻找工作的人。这个定义包括两个：一是失业者应是符合工作条件的人；二是如果一个人未寻找工作或不愿意接受现行市场工资，他也不能被认为是失业者。

按照这个定义，衡量是否失业必须有四个要素：第一，在一定年龄之上。国际劳工组织对年龄没有严格限制，各个国家根据自己本国国情，对年龄做出了不同的规定，我国规定年龄下限为 16 周岁，美国、法国也是 16 周岁，日本、加拿大、韩国、新加坡等是 15 周岁。第二，确认至少在过去的一周内已经没有工作。第三，目前可以工作，即有劳动的能力和可能性。第四，正在寻找工作，即本人有工作的要求，在最近特定时期内已经采取明确步骤寻找工作或自谋职业者。上述条件必须同时成立，才能构成完整的失业内涵。失业包括就业后失去工作转为失业的人员和新生劳动力中未实现就业的人员。例如，因离职、被解雇等原因没找到工作和大学毕业没找到工作的人员等。

（二）失业的类型和成因

在西方经济学中，失业分为两类：一类是自愿失业；另一类是非自愿失业。自愿失业是非自愿失业的对称，是由英国资产阶级庸俗经济学家阿瑟·塞西尔·庇古提出的经济概念，指工人由于不接受现行的工资或比现行工资稍低的工资而出现的失业现象[①]。非自愿失业又称需求不足的失业，指工人愿意接受现行工资水平与工作条件，但仍找不到工作而形成的失业，是 1936 年由英国经济学家凯恩斯在其著作《就业、利息和货币通论》中提出的概念。经济学家所关心的失业是指非自愿失业。在经济学家看来，非自愿性失业有以下四个基本类型——摩擦性失业、季节性失业、结构性失业和周期性失业。失业在不同国家或一个国家的不同经济发展时期，其主导因素并不完全相同。

1. 摩擦性失业

摩擦性失业是人们在转换工作时、刚进入或离开后重新进入劳动力市场时所经历的短期失业，也称求职性失业。这种失业是由于经济运行中各种因素的变化和劳动力市场的功能缺陷所造成的临时性失业。在现实世界中，求职者找工作是需要时间和有一个过程的，即"准备简历—调查工作单位情况—投递简历—等候反应—明智选择"等；同样，雇主也要花时间考察求职者的技能和资格，以决定是否录用，这样求职者想要适合自己的工作与得到工作之间的时间消耗就产生了失业。因此，由于经济运行中就业信息不完备、劳动力市场功能不健全等，社会上总是存在着大量摩擦性失业。摩擦性失业的特点是行业广、涉及人员多、失业期限较短，是一种正常性失业，与充分就业不相矛盾。

2. 季节性失业

季节性失业是与天气、旅游者的行为方式或其他季节性因素有关的失业，在农业、旅游业、建筑业中最多。例如，我国北方大多数滑雪教练在每年的四五月份失去工作，每个冬天都有很多建筑工人被解雇。与摩擦性失业一样，季节性失业也是正常的、良性的、短期的，而且是完全可以预测的，失业人员通常会预先收到淡季失业补偿。这些失业是由生产时间性或季节性等客观条件或自然条件决定的，所以很难改变。

---

①［英］阿瑟·塞西尔·庇古著；王远林译. 就业与均衡［M］. 北京：商务印书馆，2017.

3. 结构性失业

结构性失业是由于经济结构变动使劳动力的供求不匹配所造成的失业。结构性失业在性质上是长期的，往往"失业与空位"并存。有些时候，有很多可得的工作岗位，也有很多失业者愿意得到这些工作岗位，但是找工作的人和雇主在技能或地域等方面不匹配。例如，21世纪初，像计算机硬件和软件设计、人造卫星技术及通信等高新技术产业，有大量工作岗位，然而，很多失业者没有在这些产业中工作的技能，也没有受过这方面的培训，这就是他们具有的技能与所要求的技能不相适应。这种不适应也可能是地域性的，再如，我国北方存在着大量的失业人员，而南方却存在严重的"技工荒"。对结构性失业者来说，想就业就得重新在国内其他地方安家或学习新技能，结果要花费相当长的时间找工作，结构性失业经常持续几年甚至更长时间。

4. 周期性失业

周期性失业是指经济周期中的衰退或萧条时，因社会总需求不足而造成的失业。当经济进入衰退或萧条期，很多以前就业的人员失去了工作，而且很难再找到新工作。与此同时，工作岗位更少了，劳动力市场的新进入者在被雇用前必须花费比通常摩擦性失业更长的时间来找工作。周期性失业对于不同行业的影响是不同的，一般来说，需求的收入弹性越大的行业，周期性失业的影响越严重。也就是说，人们收入下降时产品需求大幅度下降的行业，周期性失业情况比较严重。

（三）失业的测算

1. 失业人数的测算

预计未来调查失业率将成为国家调控的主要目标。关于失业率的测算，各个国家使用的方法不完全一致。一定时期的就业水平是用失业率来衡量的。失业率是指正在寻找工作的劳动力占总劳动力的百分比。

通过失业率这个指标可以判断一定时期内全部劳动人口的就业情况。一直以来，失业率被视为一个反映整体经济状况的指标，而它又是每个月最先发表的经济数据。目前我国的失业率统计主要采用两种方法，即城镇登记失业率和调查失业率，对外发布的是城镇登记失业率。城镇登记失业率仅包括城镇劳动力中的登记失业人员，排除了国有企业下岗未就业人员和农村户口的失业人员，这种方法存在一定局限性。

2. 自然失业率与充分就业

前面分析的失业类型中的摩擦性失业、结构性失业和季节性失业，都是由微观经济引起的。也就是说，它们归因于特殊产业和特殊劳动力市场的变化，而不是总体经济变化。这种失业是不能消除的，因为总是有人在花些时间找新工作，经济中总是有季节性产业、结构性变化。因此，它们也被统称为自然失业。自然失业人数与总劳动力人数的比率就是自然失业率，它是一个国家能够长期持续存在的最低失业率。经济学家们认为当经济中不存在周期性失业时，所有失业都是摩擦性、结构性、季节性时，这样就认为经济达到了充分就业，充分就业时的失业率就是自然失业率，自然失业率是指经济社会在正常情况下的失业率。这就是说充分就业并不是没有失业，充分就业时的失业率不是零而是大于零的。

自然失业率在当代宏观经济学和就业经济学中是一个非常重要的概念。这个概念首先是由经济学家弗里德曼提出的①。弗里德曼认为劳动力市场存在一种长期的均衡失业率，即使在充分就业的状态下也难以消除。所以，有时自然失业率又被有些学者矛盾地称作"充分就业下的失业率"。当实际失业率等于自然失业率时，一国经济处于长期均衡状态，所有的经济资源都得到了充分利用，即实现了充分就业均衡，政府就不会采取有关措施来干预劳动市场的运行。

(四) 失业的成本

失业是有成本的，失业的成本包括经济成本和非经济成本。

1. 经济成本

经济成本是指可以用货币测算的成本。失业者不能找到工作，不能生产，失去了产出的机会成本，其实质是劳动者不能与生产资料相结合进行社会财富的创造，是一种经济资源的浪费。这个损失必须由社会来承担，具体体现在以下四个方面。

第一，失业者的收入损失。对失业者个人来说，失业最明显的经济成本是就业收入损失。这部分就业收入损失由社会承担，如失业津贴、实物券或其他政府转移支付等，使失业者的部分就业收入损失得到补偿，但各国的经验表明，这些津贴要少于就业收入的损失，一般只相当于就业收入的 50%~60%。

第二，失业者的人力资本损失。工作可以保持和提高劳动者的工作技能和工作态度，特别是技术迅速进步的今天，长期失业不仅会浪费现有的工作技能，也无法积累新的工作技能，从而会丧失在未来劳动力市场上的竞争力和生产力，进而丧失获得较高收入的机会。

第三，经济资源的浪费或产出的减少。对社会来说，失业的经济成本之一是资源的浪

---

①刘涤源，陈端洁.弗里德曼及现代货币主义 [M].北京：经济科学出版社，1987.

费或产出的减少。失业者如果不失业，或者说人力资源得到充分有效的利用，即在潜在就业量（指在现有激励条件下所有愿意工作的人都参加生产时所达到的就业量）的条件下，就可以增加产出，然而由于失业使产出减少。国际上通常用 GDP 的缺口来反映这种损失，即 GDP 的缺口等于潜在的 GDP 减去实际的 GDP。所谓潜在的 GDP 是指当非劳动力资源得到充分利用和劳动力处于充分就业状态时的 GDP 产出水平。

第四，消费需求减少。失业导致目前正常消费缩减以及对未来就业预期的悲观心理，导致居民消费倾向降低，储蓄倾向增强，消费需求不足。

2. 非经济成本

非经济成本是指很难或不可能用货币测算的成本。这种成本虽然难以估计和测量，但人们很容易感受到。失业，特别是当它持续好几个月甚至是几年时，能严重影响人们的心理和生理状况。失业还阻碍了公平社会目标的实现。大多数人都想要一个公平和公正的社会，有平等的机会改善自我，但人们并不是平等地承担失业的负担。在衰退中，不是所有人的工作时间都减少了，而是有些人被彻底解雇，其他人则与从前几乎一样继续工作。而且，失业的负担不是在不同的人群中平等分担的。总之，失业是造成家庭和社会不稳定的因素之一。目前，失业问题成为一个严重的全球性问题，波及多数国家和地区，各国政府纷纷采取各种有力的措施来整治和解决失业问题。

第二节　总需求与总供给

一、总需求

（一）总需求和总需求曲线的定义

总需求（AD）是指整个经济社会在每一价格水平上愿意购买的全部产品和劳务总量。在宏观经济分析中，总需求是指整个社会的有效需求，它不仅指整个社会对产品和劳务需求的愿望，而且指该社会对这些产品和劳务的支付能力。社会总需求体现的是经济中不同经济实体的总支出，在封闭经济条件下，总需求由经济社会的消费需求、投资需求和政府购买需求构成；在开放经济条件下，总需求包括消费需求、投资需求、政府购买需求和净出口需求。

所谓总需求函数是指总需求水平和价格水平之间的关系。在以价格水平为纵坐标、总需求水平为横坐标的坐标系中，总需求函数的几何表示称为总需求曲线（用 AD 表示）。总需求曲线表示社会的需求总量和价格水平之间呈反方向变动的关系，即总需求曲线是向右下方倾斜的。向右下方倾斜的总需求曲线表示，价格水平越高，需求总量越小；价格水平越低，需求总量越大。

（二）总需求曲线

价格水平以外的其他因素的变化，如货币供给量、政府购买和税收等重要变量，都会引起总需求曲线的平行移动。其他因素可归为两类：一是宏观经济政策变量，如货币政策（中央银行的供给量变化、其他金融政策手段等）和财政政策（政府采购、税收等）；二是其他外部变量，如战争、外国经济活动等。当政府采购、自发性消费、净出口、货币供给增加或税收减少时，总需求曲线向右上方平行移动；当政府采购、自发性消费、净出口、货币供给减少或税收增加时，总需求曲线向左下方平行移动。

由于货币供给量、政府购买和税收都是重要的政策变量，因此，以上讨论暗含着政府运用政策干预经济的可能性。从上述分析可以看出，货币政策（货币供给等）和财政政策（政府采购、税收等）都会引起总需求变化。

二、总供给

（一）总供给的影响因素

总供给（AS）是指整个经济社会在每一价格水平上所愿意提供的产品和劳务的总量。总供给描述了经济社会的基本资源用于生产时可能有的产出量。概括而言，一个社会的总供给是由该社会的生产要素和技术水平所决定的，其中，生产要素包括人力资源、自然资源和资本存量，技术水平则反映经济社会使用生产要素生产产品和提供服务的效率。

第一，人力资源。人力资源由劳动力的数量和质量构成。在现实经济中，劳动力是整个经济中最重要的生产要素。从宏观经济分析的角度来看，劳动力中的就业数量是由劳动市场决定的。劳动力的质量是指劳动生产率，它取决于劳动力的生产技能和该社会的教育水平等因素。

第二，自然资源。自然资源包括土地、森林、矿产、海洋等一切可用于生产物品和提供服务的东西。一般地，每一个国家所拥有的自然资源几乎都是固定不变的。

第三，资本存量。资本存量是指一个社会在某时点所拥有的厂房、机器、设备和其他形式的资本数量。资本存量是投资的结果。资本存量的规模取决于投资的大小和持续的时间。持续投资时间越长，资本存量的变化越显著。换句话说，在一个较短的时间内，一个国家的资本存量不会发生太大的变化。

第四，技术水平。从抽象的意义上讲，技术水平是指投入和产出之间的转换关系。同微观经济分析一样，宏观经济分析也用生产函数来反映这种转换关系。

（二）总供给曲线

在其他条件不变的情况下，在以价格为纵坐标、总产出为横坐标的坐标系中，对于每一个价格水平会产生一个对应的产出水平，可以得出总供给曲线。总供给曲线区别于微观经济部分的供给曲线，微观经济学中的供给曲线是个别价格和个别产品供给量的对应关系，是由于商品价格上涨企业供给增加，使曲线向右上方倾斜；而宏观经济分析的供给曲线是总供给曲线，是产出总量和对应的总价格水平之间的关系。

1. 总供给曲线的三种基本形式

目前，西方学者大都同意存在总供给曲线的说法。但是，对于总供给曲线的形状，却有着不同的看法，认为在不同资源利用的情况下分析总供给时，可以得出不同总供给曲线的形状。

（1）凯恩斯主义总供给曲线

凯恩斯主义认为当社会上存在较为严重的失业时，如1929—1933年大危机时期，企业可以在现行工资水平之下得到他们所需要的任何数量的劳动力。仅把工资作为生产成本时，工资不变，生产成本不会随着产量的变动而变动，价格水平也就不会随产量的变动而变动，生产者愿意在现行价格水平条件下供给任何数量的产品。

隐含在凯恩斯主义总供给曲线背后的思想是，由于存在着失业，企业可以在现行工资水平下获得他们需要的任意数量的劳动力，他们生产的平均成本因此被假定为不随产量水平的变化而变化。这样，在现行价格水平上，企业愿意供给任意所需求的产品数量。

（2）短期总供给曲线

水平的总供给曲线和垂直的总供给曲线都被认为是极端的情形，短期总供给曲线也称为正常的总供给曲线。很多西方经济学家认为，现实的总供给曲线在短期更多地表现为是向右上方倾斜的曲线。由于经济中的总产出只不过是所有不同行业产出的总和，因此，总供给曲线可以通过加总市场上每一行业的供给曲线得到。总供给水平与价格水平同方向变动。当产出量增加时，企业会使用更多的劳动力、资本、土地等，使生产成本上升，从而价格总水平上升；反之则相反。

（3）长期总供给曲线

如果说凯恩斯的总供给曲线显示的是一种极端情形，那么长期总供给曲线是另外一种极端情形，长期总供给曲线也称为古典总供给曲线。该曲线显示，人类所拥有的资源总是有限的，当资源已经得到充分利用时，经济的就业水平始终处于充分就业的状态上，由于按一定工资水平愿意就业的劳动力都已就业，产量无法再扩大，这时如果总需求持续扩张，只能导致物价水平的上升。此时，总供给曲线是一条与价格水平无关的垂直线。

2. 总供给曲线的移动

与总需求曲线的移动相比，使总供给曲线移动的因素相对来说比较复杂。当产出变化引起价格水平变动时，表现为沿着总供给曲线上做点的移动。当产出以外的其他因素变化引起价格水平变动时，总供给曲线本身平行移动。

产出以外的其他因素是指技术变动、工资率变化、生产能力、自然和人为的灾祸等。技术进步意味着现在用较少的投入能够生产出与以前同样多的产出。换句话说，技术进步导致了宏观生产函数的变化。因此，技术进步通常使总供给曲线向右移动。工资较低时，对于任何给定的价格水平，企业愿意供给更多的产品，故降低工资将使供给曲线向右移动。一般而言，随着经济中企业设备投资的增加，经济的生产能力增加，这会使总供给曲线向右移动。地震或战争期间的轰炸会极大地减少经济中资本存量的数量，其结果是任何数量的劳动能够生产的产出数量都减少，从而导致总供给曲线向左移动。

3. 总供给曲线移动的效应

（1）短期总供给曲线移动的效应

总需求曲线不动，短期总供给的变动会引起短期总供给曲线向左上或向右下移动，从而会使均衡的国民收入和价格水平发生变动。如果成本上升，短期总供给减少，短期总供给曲线向左上移动，会使均衡国民收入减少，价格水平上升；如果成本降低，短期总供给增加，短期总供给曲线向右下移动，会使均衡国民收入增加，价格水平下降。

（2）长期总供给曲线移动的效应

长期总供给也就是充分就业的总供给，即充分就业国民收入或潜在国民收入。随着潜在国民收入的变动，长期总供给曲线会发生移动。正常情况下，长期总供给曲线随经济增长而向右平行移动。如果发生自然灾害或战争，一个经济的生产能力被破坏，长期总供给曲线会向左移动。如果长期总供给曲线向右移动，可以实现更高水平的充分就业均衡，而不引起通货膨胀。

第三节　通货膨胀与经济周期

一、通货膨胀

(一) 通货膨胀的类型

通货膨胀的产生必须具备两个条件：一是纸币流通和物价总体水平的持续上涨。资源短缺、商品质量提高等原因引起的物价上涨，不能理解为通货膨胀，必须是纸币发行量超过了宏观经济的实际需要量，才能称为通货膨胀。二是必须是大部分商品的价格在一段时间内持续地上涨。局部或个别产品的价格上涨以及季节性、偶然性和暂时性的价格上涨，不能认为是通货膨胀。通货膨胀的类型根据不同的分类方式可以分为多种。

1. 按照价格上升的速度分类

按照价格上升的速度，通货膨胀可分为以下三种。

第一，温和的通货膨胀。这是指年物价水平上升速率在10%以内，也称爬行式的通货膨胀，它的特点是价格上涨缓慢并且可以预测，是始终比较稳定的一种通货膨胀。实际上许多国家都存在着这种通货膨胀，此时物价相对来讲比较稳定，人们对货币比较信任，乐于持有货币。许多经济学家认为这种温和而缓慢上升的价格对经济的增长有积极的刺激作用。

第二，奔腾的通货膨胀。它是一种不稳定的、迅速恶化的、加速的通货膨胀。在这种通货膨胀发生时，年物价水平上升速率在10%～100%，人们对货币的信心产生动摇，公众预期价格还会进一步上涨，此时需要采取各种手段减少损失，否则随着通货膨胀更为加剧，经济社会将产生动荡，所以这是一种较危险的通货膨胀。

第三，恶性通货膨胀。在经济学上，恶性通货膨胀是一种不能控制的通货膨胀，在物价很快上涨的情况下，就会使货币失去价值。恶性通货膨胀没有一个普遍公认的标准界定，一般认为年物价水平上升速率超过了100%。发生这种通货膨胀时，价格持续猛涨，货币购买力急剧下降，人们对货币完全失去信任，以致货币体系和价格体系最后完全崩溃，甚至出现社会动乱。产生这种通货膨胀的原因是货币供给的过度增长。

2. 按照对不同商品的价格影响分类

按照对不同商品的价格影响，通货膨胀可以分为以下两种：①平衡的通货膨胀。即每种商品的价格都按相同的比例上升。②非平衡的通货膨胀。即各种商品价格上升的比例并不完全相同。如近年来，我国房地产价格上升迅速，而家电、电脑、汽车等一般日用消费品的价格反而有下降趋势。

3. 按照人们的预期程度分类

按照人们的预期程度，通货膨胀也可以分为两种：①未预期的通货膨胀。即人们没有预料到价格会上涨，或者是价格上涨的速度超过了人们的预计。②预期的通货膨胀。即人们预料到价格会上涨。

（二）通货膨胀的成因

通货膨胀是现代经济社会中常见的一种经济现象，其产生的原因是多方面的，但一般可归纳为三类。

1. 需求拉动

需求拉动的通货膨胀，又称过度需求通货膨胀，是指由于总需求的增加超过了总供给而引起的价格水平持续、显著上涨的经济现象。由于总需求是和货币供给量联系在一起的，所以需求拉动的通货膨胀又被解释为过多的货币追逐过少的商品。

需求拉动型通货膨胀还可能由货币因素引起。经济学意义上的需求都是指有支付能力的需求。上述实际因素引起的过度需求虽然最初在非金融部门中产生，但如果没有一定的货币量增长为基础，就不可能形成有支付能力的需求，换言之，过度的需求必然表现为过度的货币需求。

2. 成本推动

成本推动的通货膨胀理论与需求拉动的通货膨胀理论的出发点正好相反，它是从总供给而不是从总需求的角度出发，假设在不存在过度需求的情况下，由于供给方面成本的提高所引起的价格水平持续、显著上升的一种经济现象。

引起成本增加的原因有三个方面：①工资成本推动的通货膨胀。许多经济学家认为，工资是成本中的主要部分。工资的提高会使生产成本增加，从而使价格水平上升。②利润推动的通货膨胀。西方的经济学者认为，工资推动和利润推动实际上都是操纵价格的上升，其根源在于经济中的垄断，即工会的垄断形成工资推动，厂商的垄断引起利润推动。③原材料成本推动的通货膨胀。如石油价格的上升，或者是某种进口原材料价格上升等。

3. 结构失调

结构失调是指在没有需求拉动和成本推动的情况下，只是由于经济结构、部门结构失调引致的物价总水平持续上涨的现象。导致结构性通货膨胀的根源是国民经济各部门的经济结构存在很大差异，如劳动生产率提高的快慢不同、所处的经济发展阶段不同、对外开放程度不同等。但是，货币工资的增长速度通常是由劳动生产率较高、处于发展上升阶段的和开放度较高的部门决定的。在追求工资均等化和公平原则的压力下，在劳动市场竞争的作用下，那些劳动生产率较低的、发展缓慢处在衰退阶段的和非开放的部门，其货币工资的增长速度会向生产率提高较快、正处于上升期和开放度高的先进部门看齐，使整个社会的货币工资增长速度具有同步增长的趋势。这样势必会导致全社会的工资增长率高于社会劳动生产率的平均增长率，价格水平的普遍上涨，从而引发通货膨胀，这种通货膨胀就是结构性通货膨胀。

（三）通货膨胀的成本

通货膨胀是一种货币现象，是每一个国家政府、经济学家和普通百姓都关注的问题，高的通货膨胀率的确给整个社会及其每个成员带来一系列问题，向整个社会及其每个成员征收成本。经济学家们总结出了几种通货膨胀的成本。

1. 通货膨胀的再分配成本

再分配成本是指通货膨胀在全社会范围内对真实收入进行重新分配。其包括两个方面：①通货膨胀降低固定支付方的支付成本，损害了固定收入方的购买力。对于固定收入方来说，其收入为固定的名义货币数额，物价上涨后，他们的名义收入不变，即收入不能随通货膨胀率变动，那么他们真实的购买力下降，其生活水平必然下降。而对于支付方来说，支付的实际支付成本自然比通货膨胀前低，这样通货膨胀就把真实的购买力从收入方转移到了支付方。②通货膨胀造成财富在债务人和债权人之间的财富再分配。

2. 通货膨胀的资源成本

通货膨胀的资源成本是指人们为了应付通货膨胀被迫在日常生活中耗费额外的时间和资源，支付了机会成本，因为原本人们可以用这些时间和资源进行其他活动。其包括以下四个方面。

第一，"皮鞋成本"。它是指人们为减少货币持有量所付出的成本。由于通货膨胀降低了货币的实际价值，为避免损失，人们一般会减少持有货币，可能会更多地跑去银行，把持有的现金放入高利息的银行账户中，或者把现金变换为实物。在这些过程中，磨损了鞋底，这就是"皮鞋成本"的最初来源。可是，更重要的成本是人们在这个过程中牺牲了时间和精力，这原本可使人们做更多有意义的事情。初看起来"皮鞋成本"是微不足道的，但是在高通货膨胀时，这将是一个严重的社会问题。

第二，"菜单成本"。它包括印刷新清单和目录的成本，把这些新的价格表送给中间商和顾客的成本，为新价格做广告的成本，以及改变价格对市场影响的不确定造成的风险成本，甚至包括处理顾客对新价格抱怨的成本。这期间不仅消耗时间，而且消耗纸张、油墨，还损耗打印机等。

第三，资源配置不当。市场经济依靠价格机制来配置资源，企业依据价格制定其经营策略，消费者依据各种商品和服务的质量和相对价格来比较购物。如果发生通货膨胀，人们往往没有足够的时间和能力来判断是绝对价格的上升还是相对价格的上涨，其结果是生产者和消费者都可能出现决策失误，造成资源浪费。

第四，税收负担扭曲。许多国家实行累进税率，税收具有稳定性、固定性，如果发生通货膨胀，为维持不变的实际工资，根据预期调整劳动者的名义工资水平，而名义工资的增加使纳税人进入了更高的纳税等级，使得税后的实际工资反而减少了。又如，银行付给储户的利息是名义利息，发生通货膨胀，名义利息会低于实际利息。而利息税却是按照名义利息来征收，结果储户多纳税。因此，通货膨胀扭曲了所征收的税收。

总之，通货膨胀会引起一系列问题，社会为此要付出一定的代价，恶性通货膨胀可能会造成政治的动荡。

(四) 通货膨胀的治理

由于通货膨胀会引起一系列问题，影响经济的正常发展，所以许多国家都十分重视对通货膨胀的治理。在宏观经济分析中，主要用衰退来降低通货膨胀和收入政策等来治理通货膨胀。

1. 用衰退来降低通货膨胀

这种方法主要针对需求拉动的通货膨胀。由于需求拉动的通货膨胀是总需求超过总供给产生的，因此，要治理这种通货膨胀，调节和控制社会总需求是关键。有效途径是采取紧缩的财政政策和货币政策。在财政政策方面，通过紧缩财政支出，增加税收，实现预算平衡、减少财政赤字；在货币政策方面，主要是紧缩信贷，控制货币投放，减少货币供应量。

财政政策和货币政策相配合，综合治理通货膨胀，其重要途径就是通过控制固定资产投资规模和控制消费基金过快增长来实现控制社会总需求的目的。但这种政策会导致投资减少，产出回落，其代价是经济衰退。

2. 其他降低通货膨胀的方法

第一，收入政策。收入政策主要是针对成本推动的通货膨胀，因为成本推动的通货膨胀来自供给方面，由于成本提高，特别是工资的提高，从而引起价格水平的上涨。收入政策又称为工资物价管制政策，是指政府制定一套关于物价和工资的行为准则，由劳资双方共同遵守。目的在于限制物价和工资的上涨，以降低通货膨胀率，同时又不造成大规模的失业。具体可以采用三种形式：确定工资、物价指导线，以限制工资、物价的上升；管制或冻结工资措施；政府以税收作为奖励和惩罚的手段来遏制工资、物价的增长。

第二，控制货币供应量。由于通货膨胀是纸币流通条件下的一种货币现象，其产生的最直接的原因就是流通中的货币量过多，所以各国在治理通货膨胀时所采取的一个重要对策就是控制货币供应量，使之与货币需求量相适应，减轻货币贬值和通货膨胀的压力。

第三，增加商品的有效供给，调整经济结构。治理通货膨胀时如果单方面控制总需求而不增加总供给，将严重牺牲经济增长，这样治理通货膨胀所付出的代价太大。因此，在控制需求的同时，还必须增加商品的有效供给。一般来说，增加有效供给的主要手段是降低成本，减少消耗，提高经济效益，提高投入产出的比例，同时，调整产业和产品结构，支持短缺商品的生产。治理通货膨胀的其他政策还包括限价、减税、指数化等措施。

二、经济周期

经济周期（又称商业循环），是指经济活动沿着经济发展的总体趋势所经历的有规律的扩张和收缩。

（一）经济周期的阶段和类型

1. 经济周期的四个阶段

经济周期波动一般在经济运行过程中交替出现扩张和收缩、繁荣和萧条、高涨和衰退的现象。根据经济活动在扩张和收缩阶段的程度不同，经济学家熊彼特将经济周期分为繁荣、衰退、萧条和复苏四个阶段。

第一，繁荣阶段（高涨阶段）。在这一阶段，生产迅速增加，投资增加，信用扩张，价格水平上升，就业机会增加，公众对未来乐观。就业与产量水平达到最高时，经济就开始进入衰退阶段。

第二，衰退阶段（危机阶段）。在这一阶段，当消费增长放慢，投资减少时，经济就会开始下滑，生产急剧减少，信用紧缩，价格水平下降，企业破产倒闭，失业急剧增加，公众对未来悲观。

第三，萧条阶段。在这一阶段，生产、投资、价格水平等不再继续下降，失业人数也不再增加。这是国民收入与经济活动低于正常水平的一个阶段，即在低水平上徘徊向前。但这时由于存货减少，商品价格、股票价格开始回升，公众的情绪由悲观逐渐转为乐观。

第四，复苏阶段（恢复阶段）。在这一阶段，经济开始从低谷全面回升，投资不断增加，商品价格水平、股票价格、利息率等逐渐上升，信用逐渐活跃，就业人数也在逐渐增加，公众的情绪逐渐高涨。当产量或产值等相关经济指标恢复到衰退前的最高水平时，就进入新一轮的繁荣阶段。

上述各阶段的经济特征在每个阶段可能全部出现，也可能部分出现，其严重的程度也会因波动幅度的大小和波动的剧烈程度而有所不同。这些特征通常是市场经济条件下的表现，而在传统的计划经济体制中则可能有所不同。例如在低谷时期，产品不是表现为过剩而是表现为短缺，通货膨胀和通货紧缩也不一定以价格持续上升和持续下降的形式表现出来。

2. 经济周期的类型

按照周期波动的时间长短不同，经济的周期性波动一般有三种类型，即短周期、中周期和长周期。短周期又称短波或小循环，它的平均长度约为 40 个月。这是由美国经济学家基钦提出来的，因此又称基钦周期。中周期又称中波或大循环，它的平均长度为 8~10年。这是由法国经济学家朱格拉提出来的，因此又称朱格拉周期。长周期又称长波循环，它的长度平均为 50~60 年。这是由苏联经济学家康德拉耶夫提出来的，因此又称康德拉耶夫周期。在现实生活中，对经济运行影响较大且较为明显的是中周期，人们最关注的也是中周期，经济学和国内外经济文献中所提到的经济周期或商业循环大都也是指中周期。

按照一国经济总量绝对下降或相对下降的不同情况，经济周期又可分为古典型周期和增长型周期。如果一国经济运行处在低谷时的经济增长为负增长，即经济总量绝对减少，通常将其称为古典型周期；如果处在低谷时的经济增长为正增长，即经济总量只是相对减少而非绝对减少，则称为增长型周期。

（二）经济周期的成因

经济周期是各宏观经济变量波动的综合反映。经济周期的成因是极为复杂的、多方面的，西方经济学家很早就关注宏观经济繁荣与衰退交替出现的经济周期现象，并且在经济学发展历程中提出了不同的理论。

1. 外生经济周期理论

外生经济周期理论认为，经济周期的根源在于经济制度之外的某些事物的波动，如战争、革命、政治事件、选举、石油价格上涨、发现新能源、移民、科技发明和技术创新，甚至太阳黑子活动和气候等。外生经济周期理论主要包括太阳黑子周期理论、创新周期理论和政治周期理论。

（1）太阳黑子周期理论

太阳黑子周期理论是由英国经济学家杰文斯父子提出并加以论证的。太阳黑子周期理论认为太阳黑子周期性地造成恶劣气候，使农业收成不好，而农业生产的状况又会影响到工商业，从而使整个经济周期性地出现衰退。

（2）创新周期理论

创新周期理论是由熊彼特提出来的。经济学家熊彼特关于经济周期的解释是：建立在创新基础上的投资活动是不断反复发生的，而经济正是通过这种不断反复发生的投资活动来运转的。但这个过程基本上是不平衡的、不连续的且是不和谐的。熊彼特理论的核心有三个变化过程——发明、创新和模仿。

（3）政治周期理论

政治周期理论认为，政府交替执行扩张性政策和紧缩性政策的结果，造成了扩张和衰退的交替出现。政府企图保持经济稳定，实际上却在制造不稳定。为了充分就业，政府实行扩张性财政和货币政策。但是，在政治上，财政赤字和通货膨胀会遭到反对。于是，政府又不得不转而实行紧缩性政策，这就人为地制造了经济衰退。这是政府干预经济所造成的新型经济周期，其原因在于充分就业和价格水平稳定之间存在着矛盾。

2. 内生经济周期理论

内生经济周期理论在经济体系之内寻找经济周期自发运动的因素。这种理论并不否认外生因素对经济的冲击作用，但它强调经济中这种周期性的波动是经济体系内的因素引起的。内生经济周期理论主要有以下五个。

（1）纯货币理论

纯货币理论是由英国经济学家霍特里提出的。这种理论认为，经济周期纯粹是一种货币现象，货币数量的增减是经济发生波动的唯一原因。所有具有现代银行体系的国家，其货币供给都是有弹性的，可以膨胀和收缩。经济周期波动是银行体系交替扩张和紧缩信用造成的。当银行体系降低利率、放宽信贷时就会引起生产的扩张与收入的增加，这就会进一步促进信用扩大。但是信用不能无限地扩大，当高涨阶段后期银行体系被迫紧缩信用时，又会引起生产下降、危机爆发，并继之出现累积性衰退。即使没有其他原因存在，货币供给的变动也足以形成经济周期。

（2）投资过度理论

投资过度理论最先始于俄国的杜冈·巴拉诺夫斯基和德国的施皮特霍夫，其后的主要代表者有瑞典学者卡塞尔和维克塞尔[①]。这种理论主要强调了经济周期的根源在于生产结构的不平衡，尤其是资本品和消费品生产之间的不平衡。人们把当期收入分成储蓄和消费两部分。消费部分直接购买消费品，储蓄的部分则进入资本市场，通过银行、保险公司、证券等各种金融机构到达各企业经营者手中，被投入资本品购买和生产之中，这一过程就是投资。如果利率政策有利于投资，则投资的增加首先引起对资本品需求的增加以及资本品价格的上升，这样就更加刺激了投资的增加，形成了繁荣。但是这种资本品生产的增长要以消费品生产下降为代价，从而导致生产结构的失调。当经济扩张发展到一定程度之后，整个生产结构已处于严重的失衡状态，于是经济衰退不可避免地发生了。

（3）消费不足理论

消费不足理论一直被用来解释经济周期的收缩阶段，即衰退或萧条的重复发生。这种理论把萧条产生的原因归结为消费不足，认为经济中出现萧条是因为社会对消费品的需求赶不上消费品的增长，而消费需求不足又引起对资本品需求的不足，进而使整个经济出现生产过剩危机。强调消费不足是由于人们过度储蓄而使其对消费品的需求大大减少。消费不足理论的一个重要结论是，一个国家生产力的增长率应当同消费者收入的增长率保持一致，以保证人们能购买那些将要生产出来的更多商品。这一思想对于当今西方国家的财政货币政策仍然有影响。

（4）心理周期理论

这种理论强调心理周期预期对经济周期各个阶段形成的决定作用。在经济周期的扩张阶段，人们受盲目乐观情绪支配，往往过高估计了产品的需求、价格和利润，而生产成本包括的工资和利息则往往被低估了。并且人们之间存在这一种互相影响决策的倾向，如某企业经营者因对未来的乐观预测会增加他对有关的货物和服务的需求，于是带动其他企业经营者也相应增加需求，从而导致了过多的投资。根据心理周期理论，经济周期扩张阶段的持续期间和强度取决于酝酿期间的长短，即决定生产到新产品投入市场所需的时间。当这种过度乐观的情绪所造成的错误在酝酿期结束时显现出来后，扩张就到了尽头，衰退开始了。企业经营者认识到他们对形势的预测是错误的，乐观开始让位于悲观。随着经济转

---

①施建生. 货币的投资过度理论 ［J］. 复印报刊资料（海外财政与金融），2008（2）：33-38.

而向下滑动，悲观性失误产生并蔓延，由此导致萧条。

（5）乘数—加速相互作用原理

诺贝尔经济学奖获得者、美国经济学家保罗·萨缪尔森用乘数—加速相互作用原理来说明经济周期，并因此成为现代经济周期理论的代表之作[①]。投资的增加或减少能够引起国民收入倍数扩张或收缩，且同方向变化，即乘数原理；同时，国民收入的增加或减少又会反作用于投资，使投资的增长或减少快于国民收入的增长或减少，这是加速原理。可见，投资影响国民收入，国民收入又影响投资，二者互为因果，从而导致国民经济周期性波动。

经济周期波动的原因有很多，归根结底都是总需求与总供给的不一致。两者不一致的情况多通过总需求作用于经济运行过程。在短期内，当总需求持续增加时，经济运行便可能进入景气上升阶段。当总需求的持续增加致使经济活动水平高于由总供给所决定的趋势线，从而使经济运行进入繁荣阶段时，就可能出现经济过热和通货膨胀，这时的总需求大于总供给。反之，当总需求持续收缩时，经济运行就可能进入景气下降阶段。当总需求的持续收缩致使经济活动水平跌到趋势线的下方，从而使经济运行进入萧条阶段时，就会出现经济过冷和严重失业，此时总需求小于总供给。因此，总需求与总供给的不一致，是经济周期波动的直接原因。

（三）经济周期的预测指标

预测宏观经济走强还是衰退，是决定资产配置决策的重要因素。如果预测与市场的看法不一致，就会对投资策略产生很大的影响。经济周期具有循环特征，所以在某种程度上周期是可以预测的。为了预测和判别经济的波动，可以运用各种指标来进行分析。这些指标由于具有与经济周期平行变化的一致性，因此，能够反映出总体经济活动的转折点与周期波动的特点。这些指标按照与经济周期变动先后之间的关系可分为三类——先行指标、同步指标和滞后指标。

1. 先行指标

先行指标是指那些在经济活动中预先上升或下降的经济指标。这一组指标主要与经济未来的生产和就业需求有关，主要包括货币供给量、股票价格指数、生产工人平均工作时数、房屋建筑许可的批准数量、机器和设备订货单的数量以及消费者预期指数等。

先行指标对经济周期波动较为敏感。因此，可以先于其他经济指标反映出短期的、不

① 杜鑫. 保罗·萨缪尔森财政思想综述与评析 [J]. 中国-东盟博览, 2013 (1): 78.

稳定的波动。当许多先行指标都呈现下降趋势时，预示着衰退将会来临；反之，当许多先行指标都呈现上升趋势时，预示着经济扩张即将来临。

2. 同步指标

同步指标是指那些与经济活动同步变化的经济指标。这组指标到达峰顶与谷底的时间几乎与经济周期相同，它们既不超前也不落后于总体经济周期，而是与总体经济周期变动几乎一致。主要的同步指标包括国内生产总值、工业生产指数、个人收入、非农业在职人员总数以及制造业和贸易销售额等。

同步指标可以用来验证预测的准确性。如果在先行指标已经下降的情况下，同步指标也在下降，人们就有把握相信衰退已经来临；如果先行指标已经下降了，而同步指标并没有下降，那么就要考虑先行指标是否受到了某些干扰，经济是否真正进入衰退阶段。

3. 滞后指标

滞后指标是指那些滞后于经济活动变化的经济指标。这些指标的峰顶与谷底总是在经济周期的峰顶与谷底之后出现。这些指标主要包括生产成本、物价指数、失业的平均期限、商业与工业贷款的未偿付余额、制造与贸易库存与销售量的比率等。滞后指标反映了经济波动的程度，也可以用来验证预测的准确性。

在运用先行指标、同步指标和滞后指标进行经济周期预测时，还要综合考虑其他的信息工具。只有结合经验判断，对经济现象进行观察，对各种指标的当前状况进行解释，才能得到较好的预测效果。

(四) 经济周期波动的对比分析

1. 波动的幅度

波动的幅度是指每个经济周期内经济增长率上下波动的差，表明每个经济周期内经济增长高低起伏的剧烈程度，其计算方法最直接、最直观的是计算每个经济周期内经济增长率峰顶与谷底的落差。根据落差的大小，将波动分为三种类型：落差大于或等于 10 个百分点的为强幅型；落差大于或等于 5 个百分点，而小于 10 个百分点的为中幅型；落差小于 5 个百分点的为低幅型。

2. 波动的高度

波动的高度是指每个经济周期内峰顶年份的经济增长率，它表明每个经济周期经济扩张的强度，反映经济增长力的强弱。根据各经济周期峰顶年份经济增长率的高低，可以分为三种类型，即峰顶年份经济增长率大于或等于 15% 的高峰型，峰顶年份经济增长率小于

10%的低峰型和处于二者之间的中峰型。

3. *波动的深度*

波动的深度是指每个经济周期内谷底年份的经济增长率，它表明每个经济周期收缩的力度。按照谷底年份经济增长率的正负可以分为古典型和增长型，即谷底年份经济增长率为负的古典型和为正的增长型。

4. *波动的平均位势*

波动的平均位势是指每个经济周期内各年度平均的经济增长率。例如，我国 1953—1977 年有五个经济周期，其波位平均为 6.51%；而 1978~2000 年共有四个经济周期，其波位平均为 9.39%，上升了 2.88%，表明在克服经济增长的大起大落中，总体增长水平有了显著提高。

5. *波动的扩张长度*

波动的扩张长度是指每个经济周期内扩张的时间长度，它表明每个经济周期内扩张的持续性。改革开放后的平均扩张长度比改革开放前延长了，表明我国经济的增长由短扩张型向长扩张型转变，扩张期有了更强的持续性。

（五）经济周期与行业投资策略

结合经济周期的不同阶段确定相应的行业投资策略，是规避投资风险、稳定投资收益非常有效的途径。结合经济周期性的波动，行业投资策略选择的关键在于依据对经济周期各阶段的预测，当对经济前景持乐观态度时，选择周期型行业以获得更大的回报率；而当对经济前景持悲观态度时，选择投资防守型行业以稳定投资收益；同时，选择一些增长型的行业加以投资。

第五章 ▍ 财务经济管理的研究

第一节 大数据时代下财务经济管理

一、传统企业财务管理现状及存在的问题

网络化水平偏低，资源整合能力差。随着大数据时代的巨变，传统企业的财务管理的网络化程度偏低，达不到与时俱进的水平，信息的传输还不能够全面输入、输出数据。这样的模式放在目前的大环境中就意味着技术的落后，更严重地说会影响企业整体办事效率进而导致效率降低。由于网络化技术达不到要求，要想整合大量的碎片化资源，也就变得无所下手，从而影响了企业的资源整合能力。

人工费用成本较高，高级化人才缺乏。近年来，企业越来越重视财务规划，对于财务人员的需求变大，是直接导致财务人员费用成本提高的一个重要原因。而面对这种大环境的突变，普通财务工作人员的财务水平已不足以完成更艰巨的任务。对财务人员需求与供给之间的矛盾还未能缓和，因此与网络信息化相结合的财务人员是企业发展的需要。

财务决策不合理、质量不高。目前企业决策者和财务人员很大程度上都依赖于经验来判断和调整市场，评价体系中财务指标也局限于靠货币来计量，缺少对其他因素的深刻剖析。这不但大大降低了企业对财务管理的可参考性，同时也难以满足信息使用者的要求。更进一步说，这种决策的不合理已经影响了企业决策的质量和发展。

二、大数据时代下企业面临的挑战

网络安全及监管方面的挑战。面对层出不穷的互联网技术的换代升级，数据的不断更新、传出、输入等，网络不真实性和真实性的并存，我们所面临的负面效应就是客户信息的保密度会降低。个人信息、商业资料的流失会带来各种各样的麻烦，容易导致个人安全受到威胁、名誉受损和企业利益的流失。这无疑给监管部门带来了不小的挑战。

数据整合方面的挑战。大数据时代，不言而喻就是数据量的庞大，怎样对海量数据进行分类、整合、分析、挖掘才能提高企业的效率，对企业决策达到事半功倍的效果，是未来企业发展应该重视的问题。企业所能获取到的各种数据来源包括新闻纸媒、物流、电商等接收到的有关图片、音频资料等半结构化资料；而企业目前只能接受结构化资料。其中就有了冲突和矛盾，如何调整和整合这两种资源也是企业发展所要考虑的问题。

财务部门内部管理和组织结构方面的挑战。企业财务部门的职能不能只是局限在传统的会计业务核算、报表分析等业务。海量的数据要求财务管理人员要从多方面对数据进行全方位的考察，包括采购、市场调研、销售等各个环节的渗透，这就无疑加大了财务人员的工作量和技术操作性，对于财务部门内部职能转变、不断拓展新思路是一个很大的挑战。

三、大数据时代下企业财务管理的机遇

有利于财务信息处理的高效和准确。与传统的冗长复杂且容易出错的手账会计记录方式相比，大数据时代下的财务管理充满了活力，利用现代科技云端计算和储存功能对数据进行整合、处理和分析，能够极大地提高企业财务管理人员的办事效率。并且，在传统的财务管理中由于技术层面的缺失有些数据无法被真实得到或被证实造成最后的决策上的不精准，在大数据背景下都能够被弥补，使数据在来源方面更加真实可信，为企业管理和决策贡献了力量。

有利于对企业的决策和风险规避。有效地对数据进行挖掘、分析、整合、分类处理，能够使企业管理人员直观、全面地发现适合企业发展的创新点和盈利点，能够很好地抢占市场，谋求发展。同时，也可以使企业通过对数据的深入分析对客户群体以及潜在的客户的喜好进行了解，从而能够更好地为企业未来发展提供一个良好的方向。还可以通过对数据的分析对风险进行合理规避，及时进行风险处理，减少企业利益流出。

有利于促进企业财务人员素质的提高。此前，财务管理人员只是对财务方面的会计审核、财务报表进行分析，进而给决策者提供决策依据，财务人员并不是真正的管理者。如今，大数据时代为企业财务管理人员构建了一个开放的平台，让传统的财务人员转变了思想，掌握新技术、新方法，把会计技术和网络技术结合到一起进行整合，这样使企业财务人员对企业有了更直观的了解，对及时评价企业财务状况和预算能力有了更强的保障。同时，在学习中也提高了企业财务人员的专业素养，为企业培养了高精准人才。

有利于企业财务创新。在大数据要求下，数字、文字、图片等信息一应俱全，企业财务工作要想在纷繁的数据中提取有利于企业发展的数据，为管理决策提供可靠的技术支

持，就必须将财务管理软件进行更新、换代、升级，通过加强数据的信息处理功能来提高数据的有效性和质量。通过这一运用，还可以减少数据不对称带来的困扰，有利于提高企业的决策能力和市场竞争力。这种透明化还可以推动企业内部管理的监管，塑造更好的企业氛围。

四、大数据时代下企业财务管理的发展对策

加强财务管理信息化建设。大数据时代，海量的信息呈井喷式袭来，在给企业带来好处的同时也要注意到对信息化的管理。首先，要建立企业财务管理信息化制度，因为只有通过制度保障才能保证信息化的推进和升级。有效的信息化制度是企业发展的基础。企业必须通过建立信息化制度来进一步对信息的收集、整合、分析进行更加规范的要求。这也提高了企业信息的公开化和透明化，为塑造企业良好的信誉提供了很好的保证。其次，要建立企业财务信息共享平台，将财务信息、战略发展、客户资源等都放在一个平台上进行直观的分析，为企业发展决策提供有效的参考。最后，要对企业财务管理软件进行换代、升级。根据目前企业发展方向和大数据时代信息化的要求，对现有财务软件进行改版，提高软件收集信息、整合数据的能力；还要扩展数据容量库，使其可以容纳更多数据。

转变企业管理者的意识和理念。一个企业要想决策成功，很大程度上依赖于明智的管理者的决策。在大数据背景下，更加凸显一个企业管理者的决定性作用。大数据带来的企业信息透明化、公开化会减少企业决策的失误，给企业带来好处。但是，数据的庞杂使大数据处理工具以及更新、升级、换代带来高昂的成本，这使很多企业管理者都望而却步。这就需要现代企业的管理者去接受新理念、新思想。要顺势发展，就要转变思想意识，就必须去适应现在的大数据环境。只有在大量数据的基础上进行精准的分析，才能使管理层做出更加合理的决策，以利于企业长期稳定发展。并且，管理者还要审时度势，通过呈现的数据来进行可行的分析决策，而不是凭一己之经验。

加强财务管理人才队伍建设。人才是企业发展的不竭动力和源泉，所以提高企业财务人员的综合素质和技术水平是必不可少的。首先，企业可以外聘专家老师对现有财务人员进行统一培训，学习相关的计算机知识和适应现代大数据发展的会计信息系统知识，提高财务人员的技术水平，激发他们工作的热情。其次，可以培养高层次人才，选拔高水平的直接能上岗人员来充实财务管理系统的队伍，为整个团队增添新的血液，加速企业的发展。最后，还要加强内部考核制度，定期对财务人员进行培训后的考核，以此来保证财务方面决策的高效性，并有利于企业的内部监督。

现代企业的发展已经离不开大数据的支持，企业管理者必须立足实际情况对管理方向

进行调整，企业发展的脉搏是企业内部的财务管理，所以企业要把握好大数据时代企业的财务管理走向，迎接大数据时代带来的机遇和挑战，顺势而上，实现企业更高层次的发展。

第二节　财务经济管理的核心分析

一、财务经济管理的意义

（一）强化企业规范经营

高的经济利润不仅是企业发展经营的最终目标，更是企业提升核心竞争力的关键所在。提高企业经济利润最主要的途径是加强企业的财务经济管理。第一，为企业的发展提供依据。因为财务经济管理贯穿于企业经营管理的始末，尤其是企业在落实自身决策，确定自身发展方向的时候就更是离不开财务经济管理。基于此，企业应该重视经济管理的相关工作，让企业内部人员更好地认识企业管理，进而发挥经济管理的相关职能，为企业的高层和与企业合作的各方利益相关者提供决策的依据。利用经济管理归纳出成本效益核算、筹资情况、负债情况、风险控制防范等方面的真实情况，全面提高企业决策的科学性，促进企业可持续发展。第二，强化企业的资金管理。企业在进行财务经济管理的时候，需要重视资金的管理，尤其要将资金链的运行管理作为重点，提高资金的利用效率，降低企业运营的成本，实现企业资源的优化，设计合理的企业发展目标，全面提高企业的经济效益。第三，具备协调控制作用。加强企业的财务经济管理可以减少企业经营的盲目性，企业在进行相关的财务计划的时候会对自身的实际情况进行考虑，这样就可以落实企业财务活动的科学性，使企业的发展更正确，也更符合时代发展的趋势。第四，事前控制。加强企业的财务经济管理可以强化企业财务行为的事前控制，有效解决事后控制的弊端。

（二）全面提升企业的经济效益

财务经济管理具备监督作用，利用监督作用可以全面提升企业的经济效益。在落实财务经济管理工作的时候，一般都是从企业的实际财务状况、市场经济情况、社会需求等角度全面出发的，制定出与企业发展目标相符的管理措施，降低企业的风险，增加企业的利润。第一，企业的监督管理。通过企业的监督管理，可以提升企业的资金、财产管理水平，保证资产的完整性和资金流动的合理性；在原材料采购、商品流通等方面财务经济管理还可以有效降低企业成本、减少损耗。财务经济管理工作通过监督企业财务收支状况，构建安全的企业资金管理体系，提高企业的财务安全。第二，为企业的决策提供依据。企业的财务经济管理不仅负责分配整个企业资金，制定财务政策，还负有反映企业的发展现状、监督资金的任务。第三，提高企业经营的自觉性。通过财务经济管理可以促进企业的依法经营，杜绝企业内部发生贪污腐败现象。

二、加强财务经济管理的相关对策

（一）全面提高企业的财务经济管理意识

只有全面提高企业的财务经济管理意识，强化企业的管理手段，才能从根本上发展企业。树立全面的、科学的财务管理理念，首先应提高企业领导阶层的财务经济管理观念，让企业的领导人充分发挥模范带头作用，将财务管理理念从上到下全面地落实下去。与此同时，企业还需要对管理过程中的各种风险建立健全财务预警体系，实现企业生产经营风险的最低化。另外，企业还需要对企业内部的全体员工进行财务经济管理意识的深化培训，实现财务经济管理的科学划分，全面落实会计的核算职能，确保各项工作能够落实到位，全面提升企业的市场竞争力。

（二）加强企业的资金管理力度

资金是企业生存发展的关键，企业的一切经济活动都立足于企业资金的合理利用，强化企业生产经营中的全部阶段，减少存货资金及应收账款的占用，加快资金的流动速度，提高资金的使用效率。企业可从以下三点出发：第一，从整体规划出发，分级、分层管理，做好预算相关的工作，将资金管理职能发挥到最大，提高资金流动性，为企业资金的调拨、支付及结算提供保障；第二，在投资的时候一定要全面的考虑，提高企业的风险意识，将投资项目的论证、预估等工作全面落实，合理计算项目的筹资成本与回报率，确保企业资金的保值增值；第三，在充分发挥财务控制作用、减少管理漏洞的同时，对物资消耗的定量管理以及费用定额管理进行严格的把关，有效地降低企业的成本。

（三）全面落实企业的预算管理

通过一定的组织结构对企业的编制预算、考核预算执行、调整预算进行管理，全面实现预算管理工作的作用，让预算管理更科学、更有效。由企业领导阶层管理组织结构，成立由领导阶级直接管理的专业委员会，为预算管理提供决策。企业的财务管理部门与计划部门应该做好内部控制与预算管理工作，为各项手段的顺利落实提供保障。明确各尽可能地减小人为因素对预算的不利影响，为预算的顺利进行提供保障。

（四）加快企业的信息化管理进程

将计算机财务软件应用于财务经济管理的过程中，促进企业财务、业务一体化，将财务经济管理的作用发挥到最大。企业应立足于自身发展的实际情况，有针对性地选取财务软件，强化财务管理的监督与控制职能，实现企业资金的优化配置。此外，21世纪是人才竞争的世纪，企业想要强化财务经济管理，还需要提高企业内部财务人员的综合素质，不断推广新政策、学习新知识，提高员工的专业素养与职业道德。

企业只有将上述策略有效地应用进财务经济管理的过程中，才能全面提高企业的管理水平，增强企业的市场竞争力，使企业稳健发展。

第三节　企业经济管理中财务管理的价值

一、能够为企业的活动与经营提供可靠的信息

记录企业经营的每一项活动的支出和收入都是财务管理工作的重要内容之一，由此可以看出，企业经营工作的每一个步骤都与财务管理工作有着不可分割的联系，财务管理工作的好坏直接决定着企业中各项经营信息的准确性和完善性是否达到一定的标准。只有准确可靠的信息报表才能为企业提供有价值的参考。其中，只有高水平的财务管理工作的不断开展才能够为企业的活动与经营提供真实的、可靠的财务信息，才能帮助有关部门对各项经营活动所需要的资金进行估计和预算，为项目的开展提供充足的资金支持，保证企业该项活动的顺利进行和完成。而企业的经营者也可以通过总结上交的财务信息报告对公司的具体经营状况进行了解，才能时刻监督各项经营活动的具体开展，确保员工以积极的态度认真地对待工作。总之，该工作的开展是使企业活动和经营能够顺利进行的基础。

二、能够确保企业提供平稳的资金链，保证各项活动的开展

企业各项经营活动的开展必须得到平稳有效的资金支持，只有预先对各项资源和资金

进行了解和掌握，才能够确保后续的规划和管理工作的正常进行，才能够使企业拥有一条相对平稳安全的资金链，保证企业经营活动的顺利实施与开展。而只有财务管理工作才能实现对资金的具体把握，掌握真实的资金动态。具体来说，可以特别了解企业的现金流的具体情况，并且对资金进行科学合理的分配和使用，资金管理工作的有效进行可以提高资金的使用效率，实现资金的高收益化，提升企业整体的商业价值。总之，该项工作的进行为企业具体工作的开展提供了稳定的资金支撑，也为企业确立了较为合适的盈利目标。

三、能够及时推算发现企业经济管理中的问题

定期的财务管理工作可以通过对各项财务数据的分析，找出企业经营不善的原因和企业经营中不合理的地方，避免资金的不合理投入和浪费。工作人员可以结合整理的财务数据，分析具体的项目建设中存在的不合常规的操作，然后对不符合相关规范的操作进行管理。而且，该项工作不仅能够利用各项数据进行利润估算，找到公司中有发展潜力的项目，而且还能够针对某些项目中存在的问题提出可行的应急措施和方案，实现管理水平的不断提升，确保公司的进一步发展。

四、能够降低企业的运转风险，及时解决潜在的隐患

企业在经营的过程中经常会遇到一些不能够事先预测的状况，因为各种影响因素都会让企业项目发生变动甚至混乱。为了使这种情况出现的概率减少，就必须进行财务管理的工作。企业想要安稳地发展下去，就要拥有一定的风险防控意识，要提前分析当下的市场环境和行业行情，做好应急的各项方案设计和措施防护。在进行项目决策时，还需要考虑降低该项目的运行风险。有关财务管理工作的进行就可以通过对各项数据进行对比和分析获得具有前瞻性的财务报表和数据，这样就能够依据这些真实的财务数据选择投入较少、风险较低的方案，就可以最大限度地减少各项风险发生的概率，让项目不再拥有潜在的隐患，确保公司经营的顺利进行。

五、能够提高企业经济管理的效率和利润

企业经济管理的最终目标是实现企业内部各项利益的最大化。而财务管理工作的进行使得企业风险防范的能力得到了提高，这就大大减少了企业经营的失误概率，保证了企业的各项利益。该项工作的进行还能够有效地监督各级工作人员，使其能够认真对待自己的工作，从而帮助公司提升内在价值，为公司营造良好的企业形象。再者，该项工作的高效进行还能够使企业经济管理的水平不断提高，这也使管理工作的效率得到了提升。

六、能够促进企业内部管理体系的建立

财务管理是一个企业的内部控制制度的重要构成内容，财务管理要想发挥其作用就一定要结合该企业具体的经营状况制定健全完善的财务管理制度或体系，并且建立专门的监督部门监督其工作的进行。这样就能保证各工作人员严格遵守相关规定，做好自己分内的任务与工作。财务管理工作的进行和财务管理制度的确立使企业经济管理体系也逐步确立，让企业的内部管理变得井井有条，最终让企业实现平稳健康的发展。

七、能够对企业的其他各项管理发挥作用

财务管理工作归根结底是一项经济管理工作，企业要想健康、长久地发展下去，就一定得处理好企业和员工之间、企业和企业之间、企业和借贷机构之间等多方面的财务关系。只有根据财务管理工作最终汇报的结果才能决定企业将来发展的大方向，企业其余的管理工作的目标都是尽快朝财务部门确立的发展方向迈进，因此该项工作对企业的其他各项管理工作发挥着导向的作用。

八、成为投资者进行最终决策的有效信息渠道

投资者在选择企业进行投资时，必须有一个相对透明、可信的信息渠道。有投资意向的投资公司可以根据企业所提供的财务信息了解到该企业的具体经营状况和收益状况，然后根据这些报告所提供的信息进行合理的投资决策，降低其投资风险。同时经营良好的企业也可以主动为投资方提供详细并且真实的反映企业具体状况的数据报表，利用这些信息获得企业发展需要的投资。

九、为企业的决策层提供可靠的参考

一个项目最终能否实行要看其是否具备较低投入、较高产出、较低风险的特征，而决策层要结合财务管理部门做出的报表来判断一个项目是否具备这样的特征。因此，该项工作的价值就在于为决策层及时迅速地提供具有参考价值的财务信息，这样才能保证后续分析工作的准确和有效。这就要求财务管理的专业水平应当随着市场对其的要求不断提升，这样才能确保决策的正确性。

财务管理在企业的经济管理中发挥着巨大的效用和价值，如提供重要的财务信息、降低项目风险、增加企业的经营效益、为投资方构建信息渠道、促进企业内部管理体系建设等。近年来，企业的工作人员已经越来越意识到该项管理工作的重要程度，并且逐步将该

项工作确立为企业管理的重中之重。但目前企业的财务管理中还存在着从业人员素质不达标、监管力度太弱、具体管理混乱、融资较为困难等各式各样的问题需要解决，这就需要各级工作人员齐心协力，对管理机制进行改革和发展，同时提升自己的素质，为企业的发展做出贡献。

第四节　加强财务管理提高企业经济效益

一、企业财务管理工作的重要性

当前，很多企业在制定战略方案与管理制度的时候，会将财产所有权与经营权等分开，导致企业财务管理与经营工作目标不一致，不能更好地进行控制。一些经营管理者为了自身利益，会通过不合理的方式损害经营利益。同时，企业很多不相容职务呈现相互分离的发展状态，未能进行统一的管理，难以形成财务管理的内控体系，严重影响了经济效益的管理效果，无法满足企业当前在经济发展方面的需求。然而，企业在加大财务管理工作力度之后，可将各类职务内容等融合在一起，进行统一管理，在经济协调控制的基础上，设置统一的发展目标，降低各个环节的成本，提升企业的经济效益。在日常工作中，企业加大财务管理工作力度，可实现各个部门的监督与约束，提升资金的使用效率，为企业获得较高的经济效益。同时，企业在财务管理中还能充分预防资金风险问题，创新整体管理工作模式，提升企业的经济发展水平。由此可见，企业在实际发展中加大财务管理工作力度，有利于促进经济效益的提高，增强市场竞争能力。

二、企业财务管理的应用解析

企业根据自己的发展需求，借助融资手段来满足企业发展所需资金。在企业发展过程中筹资管理属于最基础的工作，也是企业能更好发展下去的手段，是企业财务管理中的基本工作，所得筹资是企业的基本构造。其中投资管理也是企业财务管理的一部分，投资是企业有目的地进行的金融活动，是为了实现企业资本的壮大。此行为具有极大的风险，如果投资失败可能导致企业破产，使企业无法运作。所以，一个企业涉足投资，必须谨慎，保证企业在投资过程中受到的伤害降到最低，使企业在资金紧缺的情况下正常运作，将企业的经济损失降到最小。企业资金的流动性管理，是企业财务管理不可缺的一部分，是企业资金活动中的重要监管环节，是为了使企业资金正常运作的条件，同时也保证了企业在发展中更好地管理资金，提高了资金的流动性，促使企业加快发展，也提高了资金流转过程中利用率，企业的发展更加健全稳固。企业利润分配的管理，是企业财务管理工作的重要环节，是企业和谐发展的核心力量，进行利润分配，涉及各方的利益，关系到企业的发展前景，所以在利润分配过程中应该严格管理，使企业发展和投资者的合法权益不受到损害，有规定的分配形式，保证了企业的健康发展，同时使企业在管理过程中得心应手。企业在利润分配上一定要合理科学，达到预期的效果，才能更好地发展下去。

三、加强财务管理在企业中的作用

加强财务管理在企业中的地位。企业管理效率的提高，需要好的管理体系，而制定的管理体系是为了使企业利益最大化，实现企业生产经营中的预期目标。财务管理是企业管理的核心部分，需要企业在管理过程中多加重视，它可以提高企业的生产效益，使每一个员工发挥最大的职能，为企业带来更大的利益，从而使企业的经济效益更上一层楼。重视财务管理，很大程度上影响着企业的发展前景，财务管理在企业中合理地规划资金，将企业资金的利用率达到最高，使企业在社会发展中立于不败之地。

企业成本管理的重要性。财务管理是企业发展的重要组成部分，做好不仅可以给企业带来巨大利益，也可以使企业在发展中井然有序，找到自己的定位，从而健康地发展下去。企业在成本上减少了，利润自然提升了，为企业以后的发展奠定了基础。

注重企业的预算管理。企业在发展中需要提高经济效益，做出预算分析企业未来发展方向，汇总出企业资金情况，根据自身的发展需求做出正确决策，在企业经营活动中成本投入的预估，使企业在未来发展中有目标的进行。

财务管理信息化的运用。科技不断地进步，计算机技术在各个领域起的作用非常大，企业财务管理与计算机技术结合应用，是企业发展的基础，它可以提高财务管理工作的效率，在管理过程中可以更加方便。企业资金管理的健康运作需要计算机技术的辅助，达到精确无误，随时可以查询，为企业的管理做出贡献，同样减少了财务人员的工作量，有精力去更好地管理企业，可以更好地分析企业资金的流动情况，使得企业做出更加准确的决策和判断。

四、财务管理在企业中应用的建议

财务管理是企业发展的基础，社会的飞速发展促使着财务管理的创新发展，使企业在未来的道路上稳步前进，资金的有效利用可以使企业更好地前进，在前进的过程中离不开财务管理的分析，企业投资不可盲目，需要进行全面的财务分析后进行，需要企业善于发现机遇、抓住机会，不被时代淘汰，在社会潮流中立足，要从以下五点入手。

（一）树立正确的观念

企业应结合市场经济体制的变革特点，了解新时期背景之下的挑战与机遇，并针对性地开展财务管理改革工作，以免影响自身经济效益。首先，企业应转变传统的财务管理工作思想，不再使用事后财务核算方式进行处理，而是进行事前、事中与事后的全方位管理，充分发挥财务管理工作的积极作用。在此期间，须要求每位工作人员都能树立正确的观念，将财务管理作为重要内容，提升核算与预算管理水平。其次，在日常管理工作中，须进行多元化的财务监督与决策，结合企业的经营情况与经济发展特点等，编制完善的管理计划，提升决策数据信息的准确性与可靠性，以此规范财务管理行为。

（二）加大资金管理工作力度

通常情况下，企业财务管理中的重点内容进行资金管理工作，可实现资金支出与收入方面的管理与约束目的。因此，企业在财务管理期间应树立正确的资金管理观念，提升各方面资金的使用效率与水平。首先，在资金管理中，应降低融资方面的成本，减少现金存量，科学配置资金资源，合理地开展负债等管理工作。其次，应关注资金时间价值，加快周转资金的处理速度，在科学管理中获取更好的效益。在企业资金管理工作中可以建立财务中心，各级财务工作人员与金融企业进行良好的沟通，有利于获取成本较低的贷款资金，还能充分调动财务管理核算工作与资金运转工作的正确落实，促进企业资金管理工作的良好实施。最后，企业财务管理部门应统一计划内容、贷借款内容、调度内容，在资金管理环节，进行无缺口、无沉淀的控制，在资金有偿使用的情况下，减少资金占用量，控制利息费用，提升资金使用效率。

（三）注重企业财务分析

企业财务管理工作人员应定期开展财务分析工作，以便更好地管理企业，合理评价经营业绩情况，了解财务管理现状与问题，深入了解企业的资金去向，分析企业自身状况，是盈利还是亏损，预测企业未来发展中的经济效益。企业的发展离不开财务管理的分析，在财务分析中还应进行考核与评价等工作，获取准确的数据信息，然后编制完善的决策方案，通过经营决策文件的支持提升资金管理工作效率与水平，综合分析企业经济效益管理情况，在提升经济效益的基础上更好地完成当前任务，达到预期的管理目的。

（四）加大应收账款管理力度

经过调查可以得知，很多企业在财务管理中未能实现应收账款的合理管理，引发坏账等问题，导致企业出现严重的经济损失。因此，企业财务管理部门应树立正确的应收账款管理观念，以此提升企业经济实力，增强扩大销售能力。在应收账款管理中，应预防坏账问题，减少经济损失，提升企业的经济效益。财务管理人员应与各个部门之间进行合作与沟通，结合企业实际经营情况创建信用管理机制，在全面调查合作企业信用情况与信誉度的基础上，进行应收账款的针对性管理，加大结算与回收等工作的分析力度，同时可以使用合同管理的方式开展工作，一旦出现超额逾期账款就要增加利息，使用利息制约的方式强制性回收账款。且在应收账款管理的过程中，企业财务管理机构应树立正确观念，创新管理工作方式与方法，建立现代化与多元化的管控体系，在先进管理方式的支持下，促进企业的良好发展。在财务资金管理的过程中，应总结丰富的经验，创建合理的资金管控体系，并针对资金管理工作内容进行合理的分析与研究，在保证整体管理工作效果的情况下，更好地完成当前工作任务，协调各方面工作之间的关系。

（五）预防财务风险问题

企业财务管理部门应预防风险问题，创建风险的防范与控制系统，定期编制分析报告，评价财务管理情况，及时发现风险问题，采取科学合理的措施解决问题。在风险管控中，应针对企业资产收益情况进行动态化的监督，获取资产销售率数据信息、现金流入比率数据信息等，针对性地进行管理，统一财务指标，预防风险问题。

财务管理在企业中具有重要地位，在新时期发展背景之下，企业要想在市场环境中提升自身的核心竞争能力，就要通过财务管理方式合理地提升自身经济效益，在财务分析、风险预防等工作的支持下，加大资金管理力度，促进企业的长远发展与进步。同时应广泛应用现代化的管理手段，提高企业财务管理水平，降低财务风险，为企业做大做强保驾护航。

第五节　市场经济下企业财务管理的强化

一、市场经济条件下财务管理的重要性

为适应市场经济的发展，企业需要从整体上提高其建设的水平，首先需要认识和了解

企业发展中财务管理的重要性。有效的内部管理建设是企业科学发展的根本，企业管理中财务管理占据着重要地位，贯穿于整个企业的经济活动中。财务管理不仅是企业财务监督、有效监督以及经济核算的重点，而且对企业的经营发展有着十分重要的意义，同时其决策作用占据重要地位，有利于对资金的合理运用和分配。首先，财务管理有利于破产风险的降低。企业破产的可能性有所降低，便能够得到稳定的、长期的可持续发展。其次，财务管理有利于企业的可持续发展。企业需要通过有效的财务管理为企业发展筹集所需的资金。激烈的市场竞争中，一个企业唯有顺应市场的发展，提高产品即服务的质量，从而扩大市场份额，才能实现可持续发展。最后，有效的财务管理能够为企业创造更大的经济效益。企业财务管理的特点主要表现在两个方面：第一，金融市场的迅速形成丰富了财务管理的内容。第二，我国的企业财务管理缺乏完善的资金投资、筹集以及分配，这些难以单纯地依靠财务部门完成，需要各部门的相互配合。

二、市场经济下企业财务管理存在的问题

（一）财务管理意识淡薄，缺乏创新性

就当前我国企业的经营状况而言，具有较大资产规模的集团企业并不够强大，面对经济市场上的风险，缺乏强有力的抵抗能力，再加上不够健全的财务制度体系，复杂多变的国家宏观经济环境以及体制，使其违背了市场经济发展的要求。企业市场的经济环境以及制度的支持，为企业的可持续健康发展提供了保障，随着我国不断迅速发展的市场经济，财务管理成了企业微观管理的重要部分。

我国不少企业的管理层并没有认识到财务管理的重要性，许多财务部门的管理者以及工作人员需要进一步地提高专业能力。在管理者自身落后的经济观念影响下，企业的资金管理和分配无法得到协调，带来了一定的财务风险。另外，不少企业只注重赢利的目的，缺乏对财务管理及其在内外环境影响的关注。一味地追求最大化的利益而缺乏长期眼光，企业的根基受到影响，无法形成发展的观念和战略，企业的投资风险进一步增强，发展受到限制。

（二）缺乏健全的财务控制体系

企业财务管控体系的不健全，也是财务管理产生问题的一个重要原因，具体表现在五个方面：第一，缺乏健全完善的财务控制制度。管理的前提是制度，企业一旦缺少了制度的保障，管理就成了空谈。不少企业虽然有着较为健全、完善的财务控制制度，但是仅仅

存在于形式之中，并没有有效地去执行，同样无法对财务管理进行妥善的处理。第二，未认识到成本管理的重要性。过高的企业成本，使得开支范围缺乏统一性，核算体系缺乏规范性，成本控制缺乏长期性，从而不利于企业提高经济效益，也不利于企业健康可持续发展。第三，过度的财务分权。大多数企业过度地对财务管理的权力进行分发，导致无法有效地控制所属企业，造成财务管理的混乱。第四，缺乏科学的财务预算，财务监控失调。第五，企业的财务约束和激励效率不高。

（三）缺乏高力度管理工作，财务信息质量过低

企业财务信息的质量与其财务管理工作息息相关，企业财务管理工作的强化，有利于企业财务会计信息质量的提升。企业财务信息有着十分重要的意义：一方面财务信息是对企业经济活动的真实反映，有利于做出正确合理的经济决策；另一方面，企业财务信息的真实性有利于国家以此为基础对宏观政策进行制定和调整，有利于企业经济政策的宏观调控，促进市场经济的发展。如今大多数企业缺乏较高质量的财务会计信息，主要原因在于企业管理者缺乏强烈的财务管理意识，未及时更新财务管理理念，缺乏扎实的会计基础，无法及时地将财务会计信息进行传递，财务人员素质较低，财务会计信息不符合企业的要求，缺乏强有力的财务管理工作力度。

（四）缺乏强烈的风险意识

企业的财务风险对企业的发展及稳定有着十分深刻的影响。企业只有不断地强化财务管理控制，避免企业出现经营及投资风险，才能够在社会上获得生存和发展的机会。然而当前不少企业缺乏强烈的风险意识，没有认识到财务风险对企业发展的危害性。另外，无法及时有效地对资金进行分配和使用，导致了资金链的断裂。未将财务管理正确地运用在风险投资及生产经营中，缺乏科学的投资和生产评价。

三、市场经济条件下强化企业财务管理的有效策略

（一）创新企业财务管理观念

市场经济条件下，企业的财务管理平台范围不断地扩大，我国企业转变财务管理的观念也面临着双重压力，不仅需要对市场经济的财务理念进行完善，还需要使其适应市场经济的新时代的发展。

1. 树立全球化的财务管理观念

贸易国际化的形势下，企业财务必然迎来全球化的发展，在全球化贸易这个大国际环境中，企业的财务必须跟随其发展步伐。

2. 强化风险防范观念

企业的生产经营活动中，必然面临着一系列的财务风险。随着知识经济的到来和发展，经济活动也必然迅速地走向网络化和虚拟化，信息的传播速度、处理速度以及反馈速度也将迅速提高。此时企业如果无法及时、完整地对内外部信息进行收集并加以有效地运用，将会带来更大的决策风险；利益的诱惑下，企业的资产也大量地投放于科技创新和无形资产中，进一步增加了风险。为此，企业财务需要强化对风险的估计和评价，对投资项目进行科学预测，提高决策的有效性。

3. 强化人本观念

知识经济中，人才是强国之本，现代企业管理也需要尊重人本观念。应该以此为现代财务管理发展的基本趋势，在此基础上对财务管理模式及理论进行创新，对利益相关者之间的财务关系进行协调。

(二) 建立健全完善的企业财务管理制度

正所谓"无规矩不成方圆"，无论任何事情，要想妥善地解决，都需要一个健全完善的制度体系做保障。随着全面市场经济的迅速发展，企业的财务管理工作也需要在完善的制度体系下进行。

从整体上来看，企业需要制定正规的财务机制，确定财务管理方式，明确企业资金的管理方向，保证财务部门的独立性，强化管理岗位制度，保证奖惩分明、管理科学。为此，企业在做出财务决定前需要对市场的状况进行具体的调查研究，从而保证科学的财务决策，进一步提高企业财务管理的水平，提高对企业资金的利用效率。

(三) 强化企业财务基础工作

企业财务基础工作对整个财务工作的质量有着一定的影响，为此企业需要认识到财务基础工作进一步强化的重要意义。企业首先要规范财务基础工作；其次做到责任分明，使不相容职务形成相互制衡机制，即对会计事项的审批、经办人员、财务保管人员、记账人员的职责权限进行明确，做到不相容职务的分离以及权责的相互制约。

（四）　增强企业风险意识

在企业对资金运用进行规划、做出投资决策时，财务管理者需要对资金运行的风险进行评估，投资方向以及发展方向需要在企业的管理层和财务管理部门共同的配合下确定。企业的财务管理部门有责任对企业的风险做出专业性的评估，以此进一步降低企业发展的风险，保证企业的投资决策具有强有力的、科学的依据。强化对固定资产以及流动资产的评估，对效益不高的或者是经营中出现亏损的资产进行相应的处理或者清算，从整体上促进企业资金使用效率的提高。另外，企业的领导者需要转变思想观念，抛弃企业流动资产越来越多的思想观念，适当地增加企业的固定资产，使之与流动资产相互配合，促进企业的进一步发展。

总之，市场经济形势下，企业要想得到更为迅速的发展，就需要进一步强化其财务管理。然而市场经济条件下，我国企业的财务管理也面临着更大的挑战，存在着一系列的问题，需要企业在分析、了解其问题的基础上，采取相应的强化措施。完善的财务管理制度，是市场经济环境下企业发展的必经之路。根据当前我国目前的会计制度，需要不断地推行新的会计准则，保证企业具有规范的会计核算，提高会计的业务工作水平。面对当前市场经济环境下企业财务管理存在的问题，企业只有转变财务管理观念，建立健全企业财务管理制度，做好企业基础财务工作，强化管理者以及财务管理人员的财务风险意识，完善财务管理机构，不断地提高财务管理人员的综合素质，实现企业财务与业务的一体化，才能保证企业在激烈的市场竞争中占据一席之地，实现健康可持续发展。

第六节　知识经济与企业财务管理创新

一、知识经济对企业生产经营管理的影响

（一）　企业资金管理的形态

在传统的工业经济中想要实现发展，就要进行大量的资金投入和引进一些设备，这些往往要花费很多的资金。这些资金在企业的总资产中有着很多方面的优势。而一些类似于知识、智力财富等无形资产的投入，在企业的运行中起着决定性的作用。在现代的发展中，一些无形的财富已经在一个企业的总资产比重中占很大的部分了。根据相关的测算，

美国在 1995 年无形资产就已经达到了一半甚至一半多了。这些比重的变化也一定会引发企业资金管理的变化和企业价值观的变化。

(二) 企业主要竞争力发生改变

在一些典型的工业形态中，想要有大的市场占有率或是想要在市场中站住脚，就要投入成本，并在市场的变化中有自己的利润能够维持实力，在更为激烈的竞争中，这也是他们维持市场现状的重点。另外，企业往往通过投入实际的物质财富来作为成本，通过在市场中投入一些固定的资金，扩大财务的规模，以此来增加自己的财务收入，从而在激烈的竞争中获得更多的竞争优势和成本。不过随着经济的迅速发展，高市场份额和高产出只是企业在竞争中的外在表现。从内在层面来看，企业的根本竞争力应该来源于它的知识内涵和对社会知识的一种整合。企业积累的社会知识越多，它的竞争力就越高，就越能够转化为利益，从而对促进企业长久的发展有着很重要的意义。

(三) 企业的经营模式发生变化

一些社会知识的投入，以及网络的发展、信息技术的变化让企业的经营变得更加无形化，一些知识的重要性变得更加明显。企业也开始把一些投资的资金转换为投资资源和知识的开发和利用。企业的投资行为慢慢地变得更加具有知识化和更加理智化，对于决策者是否具有知识作为后台也成为决策是否正确的标准之一。

二、知识经济下的企业财务管理创新策略

(一) 企业要积极地转变理财的理念

知识经济被人们广泛了解的原因是它是创造企业主要财富的因素，它能将具体可触的物质财富变成知识财富。这些都恰恰说明了企业的理财行为不仅要看物质的财富和金融行情的变化，还要转变自己的头脑，创新自己的知识结构。首先，要关注的知识是现在最重要的东西，只有了解了资本的具体来源和一些表现的形式，才能够把握住先机。其次，还要认识到知识的资本，虽然是没有形状的，不过它可以创造出巨大的财富，也是企业财富的重要部分。最后，要想利用知识资本这一重要的财富，就要重视它，促进它的丰富和增长。

(二) 企业要增加培训，提高人员的专业素质

一些关于知识资本的知识具有很强的专业性和技术性，它是最新出来的知识问题，所

以它还具有很强的超前性。它是保证企业总资本在市场的竞争中保持实力的重要部分。这一点，一些传统的企业是不能够很快地接受的，在这种情况下，就必须要进行培训，提高有关人员的专业素质，从而很好地进行适应。既要提高财务人员的理论知识的监督，还要用最新的教学方式和网络系统供他们学习。面对不停变化的市场经济情况和多变的金融活动，财务人员必须保持清醒的头脑，面对当前不停变化的市场，梳理理财的环境，从而对企业的具体运行和收入资本的性质或者范围进行评估，了解企业所面临的风险。另外，在积累知识的过程中，还要根据它发展的具体形态和方法进行分析，最后使用融资的工具或者理论进行风险的评估。

（三）开展相关知识和个案的研究

从我国的经济发展水平来看，一些企业的产品结构正在呈现一个上升的趋势，虽然短时间内不会有很多的企业转换成知识型的企业，不过如今的上升比重已经说明了企业进行转型是一个必然的趋势。如何将企业转换成知识型的企业，这一问题还没有得到很好的解决，只有多增加经验和实践，才能够促进这一问题的解决。首先，要多研究一些企业的计量方法，寻找和实践一些具体运行的办法。其次，还要确定正确的计量方法，确定证券化的具体形式和进行评估的方式。最后，还要多进行个案的分析，最终进行方案的制定。

（四）企业要重视知识产权法

在一些传统的企业财务管理中，有一部分的理论知识、具体的财富并不能实现管理。随着社会的发展，这一部分的知识可以成为企业经营的重要部分，它所涉及的知识产权法已经成为企业是否增值的关键部分，也是企业财务能否实现成功的重要部分。

所以，在进行知识资本和具体的财富组合的管理中，要学习相关的知识产权知识，再进行操作，最终保证企业财务的管理，实现利润的增长。

总而言之，要想在知识经济的背景下还能够保持自己的竞争力，抓住发展的主要趋势，就要进行财务管理创新。要加强培训和个例分析，从而能够灵活地运用。还要多多地积累，善于发现，才能够进行创新，达到事半功倍的效果，促进企业和社会的发展。

第六章 ▌ 数字经济管理的研究

第一节　数字经济管理实践

一、数字经济的基础

（一）数字经济的发展阶段

随着数字技术的迅速发展，数字经济的发展出现了三个阶段：第一阶段是 20 世纪 70 年代开始的"孕育阶段"，以数字嵌入技术和数字内容产品的产生为代表；第二阶段是 20 世纪 90 年代的"成长阶段"，这一阶段形成了数字经济产业的基本数字技术支持体系；第三阶段是 20 世纪末期以来的"崛起阶段"，在此阶段中全球数字经济由技术向市场迈进，数字产品的交易与应用不断拓展。

1. 数字经济的孕育阶段

数字经济的外延产品先于互联网的出现，然而互联网的迅猛发展加速了数字经济的成长和人们对数字经济的理解。计算机、嵌入式软件和网络技术的发展为数字经济的初步形成提供了技术支持。

以计算机、嵌入式软件和通信网络为基础的互联网的诞生是现代数字经济走入人们眼帘的标志性事件。在互联网的诞生阶段，诸如英国、法国、加拿大和其他一些国家，虽然已经创建了自己国家的计算机网络或是正在筹备计算机网络的建设，但技术的障碍使得网络并不能实现全球，而 TCP/IP 协议的出现使不同网络之间的跨网通信成为可能。

总之，计算机和网络技术的发展为数字经济的形成提供了技术支撑，为数字产品通过互联网在全球范围内传播提供了孕育阶段的客观条件。换言之，TCP/IP 协议是数字内容产品孕育的一个标志，它的出现使得数字内容在互联网上出现及传播成为可能。

2. 数字经济的成长阶段

网络通信行业的基础设施建设为推动数字经济的发展奠定基础。网络通信行业的基础设施建设主要包括搭建网络所必需的计算机硬件制造，以及通信硬件、软件和服务。

3. 数字经济的崛起阶段

综合性信息网络的建成是数字经济形成的标志，数字工作者也应运而生，大量新的数字实践技能被不断挖掘，其对商业、政府甚至整个社会都带来了深远影响。数字经济引发的第三次浪潮创造新的市场，并提供资源和需求的流动渠道，因此，全世界的组织和个人都可以参与创新、创造财富和社会互动。例如，政府的数字化影响各项政府服务、监管程序、决策过程和治理制度，帮助社会公众通过数字化产品和技术广泛参与到政府事务当中，提高政府效率、转变政府职能、降低管理成本。同时，一些关于网络发展的理论及相关的政策也为数字经济的发展起到了巨大的推动作用，比如梅特卡夫法则、摩尔定律、达维多定律以及数字商业政策等。这些理论和政策的应用揭示了数字经济的基本特征：一方面有利于学者学习和研究数字经济的内涵；另一方面便于决策者把握数字经济脉搏，完善相应的制度和法律保障，确保市场的健康发展。随着相关理论的深入和政策的完善，数字经济呈现崛起状态。

（二）数字经济的概念

如今，数字经济几乎无处不在，它已经并将继续改变全球经济活动的模式与内容。数字经济是新通用技术变革影响的结果，它的影响远远超越了信息和通信技术部门的范畴，涉及了经济与社会活动的所有部门，如零售、运输、金融服务、制造业、教育、医疗保健、媒体等。它是通过全球化的信息互动和交流而实现的高科技经济。大部分数字经济的定义不仅包括互联网经济（经济价值来源于互联网），同时还包括经济和社会活动所产生的其他信息和通信技术（ICT）。一般来说，数字经济是经济的一部分，主要是通过数字技术支持在互联网上进行商品和服务的交易。

数字经济是基于支持性基础设施（硬件、软件、电信、网络等）、电子化管理（一个组织通过计算机介导的网络进行流程管理）和电子商务（网上交易）的生产性或贸易性活动。经济合作与发展组织（OECD）认为数字经济是通过电子商务在互联网上进行商品和服务贸易的活动。数字经济由三个主要部分构成：支持基础设施、商务流程电子化（如何进行业务）、电子商务交易（在线销售商品和服务）。实际上数字经济的含义比较广泛，随着综合性信息互联网的建成，数字经济常被理解为以网络作为载体而产生的经济活动。

如远程教育、远程医疗等，消费者不用与供应商面对面地进行货价交易，就能形成便捷、快速的经济活动。

数字经济与信息经济、网络经济、知识经济在概念上有近似之处，但又不尽相同。知识经济是依赖于知识和信息的生产、传播和应用的最为基础的经济形态；数字经济是信息经济和网络经济形成的基础经济，知识经济的发展为信息经济、网络经济的形成提供了条件；网络经济是指基于因特网进行资源的生产、分配、交换和以消费为主的新形式的经济活动；信息经济是以现代信息技术等高科技为物质基础、信息产业起主导作用的，基于信息、知识、智力的一种新型经济。信息经济与网络经济最终反哺知识经济，更有利于知识和信息的生产、传播及应用，三者并不是阶段性或矛盾的出现，而是影响经济发展的关键性原因所在，三者的交织融合逐步实现了向数字经济的过渡。知识的不断积累是当今世界变化的基础，信息产业、网络经济的蓬勃发展是当代社会发生根本变化的催化剂，数字经济是发展的必然结果和表现形式，由此不难看出这几个概念相辅相成，并构成了最终的数字经济内涵。

综上所述，数字经济是建立在数字技术基础上的生产、消费和交易等经济活动。

二、数字经济的创新管理

随着数字技术的进步、数字产业的不断增长，一种由实物和数字组合而成的崭新的创新舞台正展现在我们的面前。然而，与数字化技术在产业重构过程中越来越占据中心地位的趋势相比较，实现数字化革新越来越困难，越来越多的企业与地区对数字化革新充满希冀与恐惧。20世纪90年代的第一代数字化浪潮加速了企业内部的流程优化，且现代的数字化革新已经超出了企业内部范围，面向客户开发的"纯数字产品"与"整套解决方案"已经渗透到企业与外部竞争环境博弈的各个层面。现代数字化革新过程特别迅速，难以预测和控制，这是区别于传统工业时代和数字化初始阶段的新过程的。

(一) 数字化革新的实施方式

数字化革新过程具有独特性，吸引了越来越多的学者探索其新的价值创造方式。

1. 数字化革新的核心理念与价值

数字化革新是指利用数字技术，可将数字与实物组件进行重新组合创造新产品，以提升产品和服务的价值，开启企业发展的新领域，并借此挑战现有市场格局，最终引起该领域商务模式和生产模式的转变。数字化革新经历电气自动化阶段后，已经进入完全数字内容产品与数字智能阶段（通过实物产品的动作指挥、位置确认、模式选择、自我学习以及记忆回溯等数字化技术完成实物产品的人工智能行为）。数字化革新可以改变现有的价值生成结构，产生强大的新价值生成力。数字技术不仅可以创造新的产品，而且可以协助企业提升组织运营效率，获得新的商业模式。数字技术支持企业开发和运行多个并行的商业模式，创造了企业成长适应性与灵活性的新价值，而这些价值不仅有益于企业，而且为整个数字商业生态系统拓展了新边界。

就数字化革新的价值而言，一方面，数字化革新通过技术杠杆放大了企业的组织适应性、业务开拓性和技术灵活性。这是一个系统属性，通过与外界之间的高频次交互改善企业能力，又被称为自生成拟合。实现企业的自生成拟合创新原本是十分艰难的，然而，模块化技术与理念打通了数字技术的相互依存关系，实现了自生成拟合创新的技术突破，这就是典型的技术杠杆放大作用。另一方面，数字化革新使组织从独立个体的视角重新审视其在现有数字社会网络中的空间价值。在数字商业环境中，通过数字化网络提供新的整套商业解决方案以及寻找全新机遇的能力是重要的数字化革新价值，这一价值侧重企业在数字化商业空间中的位置，这些新现象与新方式需要我们重新定位并深刻认识数字化革新的价值。

2. 数字化革新的一般策略与特征

数字化革新已经经过了一个由简入繁、日渐丰益的过程。以网络购物为例，数字化革新以简陋的订购目录展示和电子邮件商务的形式登上历史舞台。然而，经过不断演进，现有的以在线推荐系统、比价系统、定位系统、陈列系统以及长尾体系为主要利益来源的在线销售模式日趋完整与完善。上述数字化革新看似复杂，究其本质，可一般化为两种策略：数字嵌入策略和完全数字策略。

数字嵌入策略是指将嵌入式数字组件植入实物产品或者机械系统，使产品升级为智能实物产品，同时利用数据的在线和移动服务，不断改善产品或服务的品质。在日常生活中，我们可以观察到微智能技术在家电领域（自动扫地机、智能电视等）的广泛应用，应用了客户竞争报价与实时呼叫系统的新型出租车企业正在改造传统出租车行业等现象。同时，此类数字嵌入式产品也出现在工业生产中。嵌入式数字产品让实时监控和预测替代了传统的计划式生产，渗入从产品设计到大规模生产的各个环节中，如定制生产技术、3D打印技术、实时仓储技术、机器人技术等。

完全数字策略是指在电子终端设备中将信息产品以完全数字式的模拟形式呈现在用户面前：如电子图书、地图导航、股市监测、互联网游戏等，此类产品也被称为数字内容产品。随着数字终端设备的不断出现，数字内容产品已经成为大众的重要消费构成。当市场的消费模式改变后，以信息产品为基础的媒体行业目前正处于这样一个转型的过程之中，纸质报纸、磁带等信息载体不断退出历史舞台。此类媒体企业不得不减少传统形式的媒体产品的产量，转而选择新的电子媒介。此外，大型电器零售和百货零售企业纷纷收缩实体门店，战略转型经营在线市场，说明完全数字化驱使以信息不对称为支撑的大量传统服务业纷纷进入颠覆性革新期。

数字化革新的两种策略看似简单，但任何企业实施都需要面对其独特性的挑战。首先，数字化革新节奏快、变化大。数字技术具备可塑性，可以快速重新组合为新产品。这种快节奏不断刺激企业快速开发"混合"或"智能"型数字产品，也不断快速淘汰企业的"新"产品。其次，数字化革新过程难以控制和预测。由于生成过程的复杂性，数字产品创新常常不是由单一企业有组织完成的，而是由数量庞大、形态各异、没有事先分工的大众自发形成的随机创新。企业利用数字技术模块或平台的形式来创新产品，可以产生越级创新，每一次创新又会为下一次越级创新提供平台，这样的随机创新与迭代开发形式使得数字化革新极为复杂。

数字化革新是一种手段，行业新进入者与已有巨头间的数字化博弈最终导致行业层面的巨大转变。当然，这种转变也伴随着企业的组织管理形式的改变。

（二）数字化革新的组织管理形式

分析数字化革新的组织管理形式，可以从两个维度入手。

一个维度是创新的关键数字资源和知识的集中度。其极端形式是一个高度集权、垂直管理的数字化系统或企业，将所有优质核心资源牢牢掌控，从而可以低成本获得高质量的创新。此类垂直一体化创新型企业拥有专利、品牌或核心技术的唯一所有权，通过自上而下的创新管理过程，调动资源，实现目标。但是，在开放式、模块化、自适应的数字化现代商业环境中，还存在着另一种极端情况。有些数字化革新往往出现在一个在治理关系上高度离散的商业市场中，其中没有一个正式的层次结构，没有一家企业掌握所有的资源核心。在这样的创新环境中，所有的参与者是一个共同利益体，虽各自创新、快速学习，但创新的成果将不断相互叠加、嫁接，并最终形成多元复合的新数字产品。

另一个维度是相关资源的功能属性，数字资源既是连接性资源也是融合性资源。数字技术作为连接性资源，扩大了创新的应用范围，克服了时间与社会边界的限制，减少了时间成本。这体现在新的组织形式，如虚拟团队、开放型创新或众筹外包的业务模式，这些数字化模式可以提高流程效率和协作能力，实现多个专业组织的知识或资源的协同。此类连接性数字化革新有助于多个组织协商提出设计要求和选择特定的解决方案，并不局限于软件企业，通用电气、宝洁公司等实体企业已经利用基于互联网的连接性数字化资源找到全球外包、技术共享等新解决方案。与连接性资源相对应，数字化革新还能创造另一种融合性资源。嵌入式数字产品可以通过融合性操作转化为新产品，从而创造新的功能。无须依赖任何外来资源与组织，模块化和嵌入式数字技术赋予实物产品内生的自我创新的能力，这种数字化过程被称为数字融合。数字融合在技术创新层面几乎不需要外部创新网络的支持，同时又可使传统产品具备可操纵性与智能性，这是数字产品创新的显著特征。通过数字融合，在未来，传统实物产品将兼具交互功能、实时服务功能（如家庭设备智能化）和根据外部环境自主决策的功能（如无人驾驶汽车）。

根据上述两种维度，数字化革新可以区分为项目型、氏族型、联邦型和混沌型四种组织与管理形式。

1. 项目型数字化革新管理

项目型多发生在一个企业内部，由企业调动自有资源，通过结构的管理体系，实施目标明确的数字化革新。在项目型数字化革新中，管理结构是科层式，参与者是单一学科的专业人员，使用标准化的数字处理工具（如计算机辅助设计工具等），专注于明确的目标。通常用能力成熟度模型、全面质量管理等相关常规标准衡量此类数字化革新成效。

2. 氏族型数字化革新管理

氏族型是"一个共同利益驱动的群体"，其成员的地理位置高度离散，但各成员之间的知识体系相似、密切联系，出于共同利益产生协作生产。氏族型创新团队的成员（可以是组织或个人）使用相近且通用的开发工具，使用同一套专业话语体系和知识体系来阐释他们的产品理念。然而，这些成员既不受到严格的科层管制，也不会对一个统一的权力中心负责。在这里，创新者更像志愿者而非员工，他们在社会联系的基础上根据他们的自身利益和兴趣行事。各成员在一个统一的技术平台上工作，以技术平台的标准判断创新产品的质量（如开放源代码社区）。氏族型并不是依赖传统结构分层控制的，而是依靠技术社区平台中公认的精英领袖控制并左右预期的创新方向与质量。在氏族型革新中，少数核心领袖和外围追随者共同参与，核心成员主要负责规范工作流程、制定参与规则，外围追随者根据自己的兴趣与特长自愿选择工作任务。氏族型与项目型最大的区别在于，共同的技术或社区平台可以动员离散分布的志愿者分享他们的知识资源，敦促他们贡献各自的专长，其本质原因是平台凝聚了成员们的共同利益与共同兴趣。

3. 联邦型数字化革新管理

联邦型是指在一个系统管理的数字化革新联合体内部（如企业协议联盟），跨多个不同的行业领域，以科层管理为组织结构，成员使用不同学科的资源与知识，联合开发一个新数字产品。此类创新工作的知识来自跨多个学科的知识社群，创新联合体可以控制创新的关键要素，可以自由调动汇集在一些数字或知识平台上的资源。这些知识社群的资源受到所在企业的严格控制，必须以企业协约联盟的形式才能进入创新联盟的数字化革新平台。一旦进入创新联盟，各个专业的知识社群就会严格定义与规定标准化、模块化，开发有助于联邦型数字化革新的组件和接口，最终集成一个新的巨型创新产品。联邦型数字化革新有三种典型应用。一是在大型制造类行业，如航空航天、远洋船舶。这些产业的发展需要调动和整合从交通工程、机械工程、材料工程、电子电气工程、制造、物流配送到工业设计等不同的知识社群的创新。二是服务性行业，可应用联邦型创新的组织形式提供服务的综合解决方案。在这些行业中，企业通过专业咨询团队实施与客户交互，采用跨产业、跨地域的数字手段动态管理业务。三是部分企业将上述制造类企业与服务类企业的应用合二为一，为客户提供设备加解决方案的综合产品，而不是提供单独的软件系统或设备组件。此类企业不但为客户提供成套设备，还要针对客户所在行业的具体发展趋向，为客户专门设计整套生产与经营流程。

联邦型数字化革新发挥作用的关键是内部信息交互的激励机构，必须能够鼓励相关创新者将最新的知识资源报告传递给创新联盟的决策者。在联邦型数字化革新中，成员来自产业关联、行业不同的各个知识社区，凭借不同类型的数字资源库、研究能力和社会网络工具的组合，从一个行业外部带来大量的新资源、新视角，使该创新联盟不仅拥有技术上的创新优势，而且拥有跨产业的新颖视角，保持从技术到网络的全面竞争优势。然而，每个企业都有利用核心技术获取经济租金的强烈动机，这往往与整个联盟获取最大利益相悖，成了创新联盟发展的瓶颈。因此，创新联盟需要建立平台黏性与激励机制，既可以保护各个成员单位的利益，又可督促创新者乐于在平台中提供最新成果。

4. 混沌型数字化革新管理

混沌型主要服务于跨行业边界的数字化革新，其主要特征是组织成员的知识与专业背景迥异且高度动态流动，组织没有官僚层级，松散管理，创新的最终成果并不明确，具有高度的随机性。

从事混沌型数字化革新工作的团队，致力于超越传统的行业界限，开发出更加新颖且有开创新领域意义的产品。每个成员（企业或个人）并不是有意参与一次目标宏大的创新活动，而是遵循自己独特的商业逻辑和创新路径，在狭窄而又专业的领域不断探索。然而，他们创新的路径和成果必然会在创新过程中相互交织，使每个创新参与体都受到影响和冲击。这一现象在移动服务市场中表现得最为明显，随着个体移动数据传输应用的不断拓展，各大移动服务商纷纷学习并随之调整业务结构和企业发展战略。

在这些市场上，无数以前从未有任何联系的成员（手机运营商、软件公司、内容提供商、硬件设备制造商、广告公司等）一起创造新的市场机会、商业模式和技术标准。然而，在这个创新过程中并没有一个明确的组织者与组织机构。

混沌型数字化革新管理需要注意解决成员间的利益冲突、促进不同企业文化和知识背景的成员之间的良性沟通。整个创新的构架搭建和成员参与都是以自组织形式随机实现的。首先，这一创新过程涉及太多不同的知识资源与行业背景的成员，仅仅是内部沟通就极为艰难。不同背景的成员不断涌入这一创新过程中，大量的新知识、新理念需要消化吸收，还要在消化吸收的基础上不断创新，整个创新过程的复杂程度将呈几何级数增长。其次，与联邦型数字化革新类似的问题，在如此松散的组织体系中，几乎无法建立一种人人满意的资源分享激励机制。这种体系既要支持不同背景的成员之间可以沟通，又要建立信任和共享的奖惩机制。最后，由于技术和商业模式的飞速进步，上述机制也必须是高速动态自适应的。因此，混沌型数字化革新需要建立一个约束性、灵活性和开放性高速动态统一的管理机制。

第二节 数字经济的管理战略抉择

一、加快企业和市场的数字化创新步伐

推动数字经济发展，首先要解决的问题是如何从国家和政府层面采取积极的战略行动保障数字经济加快发展。

（一）加快企业和市场的数字化基础建设

因为信息化是数字经济发展的基础，大数据是数字经济发展的新平台、新手段和新途径，所以深入推进国家信息化战略和国家大数据战略，是加快数字经济时代企业和市场数字化基础建设的前提，是从国家和政府层面解决数字经济发展"最先一公里"的问题。

1. 深入推进国家信息化战略

当今世界，信息技术创新日新月异，以数字化、网络化、智能化为特征的信息化浪潮蓬勃兴起。全球信息化进入全面渗透、跨界合作、加速创新、引领发展的新阶段。谁在信息化上占据制高点，谁就能掌握先机、赢得优势、赢得安全、赢得未来。

（1）信息化与数字经济的关系

早在20世纪90年代，数字经济的概念就已经出现。21世纪以后，云计算、物联网等信息技术的出现，又将数字经济推向了新一次高峰。同时，大数据、人工智能、虚拟现实、区块链等技术的兴起为人们带来了希望，世界各国不约而同地将这些新的信息技术作为未来发展的战略重点。如今，数字经济引领创新发展，为经济增长注入新动力已经成为普遍共识。

通过数字经济的发展历程来看，数字经济可以泛指以网络信息技术为重要内容的经济活动。因此，从某种意义讲，数字经济也可以通俗理解为网络经济或信息经济。

现代信息技术日益广泛的应用，推动数字经济浪潮汹涌而至，使其成为带动传统经济转型升级的重要途径和驱动力量。根据数字经济的内涵和定义分析，信息化为数字经济发展提供必需的生产要素、平台载体和技术手段等重要条件。换言之，信息化是数字经济发展中的基础。信息化解决信息的到达（网络）和计算能力的廉价（云计算）及到达和计算能力的可靠性、安全性保障。具体表现为信息化对企业具有极大的战略意义和价值，使企业在竞争中取胜，同时企业信息化的积极性最高，因此在信息化中企业占据主导地位。如近年出现的云计算、人工智能、虚拟现实等信息化建设，均以企业为主体，这主要是由于在信息社会，信息本身就是重要商品，人们大量地使用信息。数字经济的特点之一就是信息成为普遍的商品，主要任务是跨越从信息资源到信息应用的鸿沟。信息化是个人成长和需求发布和沟通的重要通道，是社会公平和教育普惠的基础，信息化使个人拥有极大空间。这是因为按需生产是数字经济的一个重要特征，而要做到按照需求合理地供给，必须靠信息。信息化是提高政府工作效率的有效手段，是连接社会的纽带。政府是信息化的使用者，同时由于信息化的复杂性，政府需要对信息化加强引导和监管。

（2）加快推进国家信息化战略

21世纪，促进数字经济加快成长，让企业广泛受益、群众普遍受惠。衡量数字经济发展水平的主要标志是人均信息消费水平。按照《国家信息化发展战略纲要》要求，围绕"五位一体"总体布局和"四个全面"战略布局，牢固树立创新、协调、绿色、开放、共享的发展理念，贯彻以人民为中心的发展思想，以信息化驱动现代化为主线，以建设网络强国为目标，着力增强国家信息化发展能力，着力提高信息化应用水平，着力优化信息化发展环境，让信息化造福社会、造福人民，为实现中华民族伟大复兴的中国梦奠定坚实基础。

（3）先行先试：加快国家信息经济示范区建设

一是打造经济发展新引擎，在制造业与互联网的深度融合、社会发展的深度应用、政府服务与管理的深度应用上开展示范。二是培育创新驱动发展新动能，突破信息经济核心关键技术，推进科技成果转化与应用，大力实施开放式创新。三是推进体制机制创新，重点在信息基础设施共建共享、互联网的区域开放应用和管控体系、公共数据资源开放共享、推动"互联网+"新业态发展、政府管理与服务等方面进行探索创新，以此持续释放信息经济发展红利。

2. 加快推进国家大数据战略

随着云计算、大数据、移动互联网、物联网和人工智能的出现，推动了第二次信息革命——数据革命，进入数字经济 2.0 时代。这一时期，大数据的迅速发展起到了更为关键的作用。

信息技术与经济社会的交汇融合促进了数据迅猛增长，数据已成为国家基础性战略资源，大数据正日益对全球生产、流通、分配、消费活动以及经济运行机制、社会生活方式和国家治理能力产生重要影响。尽管我国在大数据发展和应用方面已具备一定基础，拥有市场优势和发展潜力，但也存在政府数据开放共享不足、产业基础薄弱、缺乏顶层设计和统筹规划、法律法规建设滞后、创新应用领域不广等问题，亟待解决。

（1）大数据发展形势及重要意义

我国互联网、移动互联网用户规模居全球第一，拥有丰富的数据资源和应用市场优势，大数据部分关键技术研发取得突破，涌现出一批互联网创新企业和创新应用，一些地方政府已启动大数据相关工作。坚持创新驱动发展，加快大数据部署，深化大数据应用，已成为稳增长、促改革、调结构、惠民生和推动政府治理能力现代化的内在需要和必然选择。

①大数据成为推动经济转型发展的新动力。以数据流引领技术流、物质流、资金流、人才流，将深刻影响社会分工协作的组织模式，促进生产组织方式的集约和创新。大数据推动社会生产要素的网络化共享、集约化整合、协作化开发和高效化利用，改变了传统的生产方式和经济运行机制。大数据持续激发商业模式创新，不断催生新业态，已成为互联网等新兴领域促进业务创新增值、提升企业核心价值的重要驱动力。大数据产业正在成为新的经济增长点，将对未来信息产业格局产生重要影响。

②大数据成为重塑国家竞争优势的新机遇。在全球信息化快速发展的大背景下，大数据已成为国家重要的基础性战略资源，正引领新一轮科技创新。充分利用我国的数据规模优势，实现数据规模、质量和应用水平同步提高，发掘和释放数据资源的潜在价值，有利于更好发挥数据资源的战略作用，增强网络空间数据主权保护能力，维护国家安全，有效提升国家竞争力。

③大数据成为提升政府治理能力的新途径。大数据应用能够揭示传统技术方式难以展

现的关联关系，推动政府数据开放共享，促进社会事业数据融合和资源整合，其将极大提高政府整体数据分析能力，为有效处理复杂社会问题提供新的手段。建立"用数据说话、用数据决策、用数据管理、用数据创新"的管理机制，实现基于数据的科学决策，将推动政府管理理念和社会治理模式进步，加快建设与社会主义市场经济体制和中国特色社会主义事业发展相适应的法治政府、创新政府、廉洁政府和服务型政府，逐步实现政府治理能力现代化。

（2）大数据与信息化、数字经济关系

信息技术与经济社会的交汇融合引发了数据迅猛增长，大数据技术应运而生。与此同时，大数据的迅速发展又掀起了新的信息化浪潮，为信息产业和数字经济发展带来了新机遇、新挑战。

①大数据与信息化。与以往数据比较，大数据更多表现为容量大、类型多、存取速度快、应用价值高等特征，是数据集合。这些数据集合，这种海量数据的采集、存储、分析和运用必须以信息化作为基础，充分利用现代信息通信技术才能实现。

一是大数据推动了信息化新发展。大数据作为新的产业，它不但具备第一产业的资源性，还具备第二产业的加工性和第三产业的服务性，因此它是一个新兴的战略性产业，其开发利用的潜在价值巨大。实际上，对大数据开发利用的过程，即是推进信息化发展的过程。因为大数据加速了信息化与传统产业、行业的融合发展，掀起了新的信息化浪潮和信息技术革命，推动了传统产业、行业转型升级发展。所以，从这个层面上讲，大数据推动信息化与传统产业、行业的融合发展的过程，也就是"互联网+"深入发展的过程。"互联网+"是一种新型经济形态，利用膨胀增长的信息资源推动互联网与传统行业相融合，促进各行业的全面发展。"互联网+"的核心不在于"互联网"而在于"+"，关键是融合。传统行业与互联网建立起有效的连接，打破信息的不对称，结合各自的优势，迸发出新的业态和创新点，从而实现真正的融合发展。大数据在"互联网+"的发展中扮演着重要的角色，大数据服务、大数据营销、大数据金融等都将共同推进"互联网+"的进程，促进互联网与各行各业的融合发展。未来的"互联网+"模式是去中心化，最大限度地连接各个传统行业中最具实力的合作伙伴，使之相互融合，实现"整个生态圈的力量才是最强大的"。

二是大数据是信息化的表现形式，或者是信息化的实现途径和媒介。在数字经济时代，信息技术同样是经济发展的核心要素，只是信息更多由数据表现，并且这种数据容量越来越大、类型越来越复杂、变化速度越来越快。所以，需要对数据进行采集、存储、加工、分析，形成数据集合——大数据。因此，大数据既是信息化新的表现形式，又是新的信息化实现的途径和媒介。

②大数据与数字经济。大数据与数字经济都以信息化为基础，并且都与互联网相互联系，所以要准确理解大数据与数字经济的关系，必须以互联网（更准确讲是"互联网+"）为联系纽带进行分析。互联网是新兴技术和先进生产力的代表，"互联网+"强调的是连接，是互联网对其他行业提升激活、创新赋能的价值迸发。数字经济呈现的则是全面连接之后的产出和效益。即"互联网+"是手段，数字经济是结果。数字经济概念与"互联网+"战略的主题思想一脉相承。数字经济发展的过程也是"互联网+"行动落实的过程，是新旧经济发展动能转换的过程，也是传统行业企业将云计算、大数据、人工智能等新技术应用到产品和服务上，融合创新、包容发展的过程。由此看来，大数据是传统行业与互联网融合的一种有效的手段；同时大数据也是数字经济结果实现的新平台、新手段和新途径，大数据的发展推进了"互联网+"行动落地的过程，推进了新旧经济发展动能转换的过程；大数据加快互联网与传统产业深度融合，加快传统产业数字化、智能化，为做大做强数字经济提供必要条件和手段。数字经济时代，经济发展必然以数据为核心要素。

（二）进一步优化数字经济发展的市场环境

国家信息化战略和国家大数据战略的深入实施，极大地提高了企业和市场的数字化基础建设的水平，为数字经济发展提供了重要基础和新平台。另外，数字经济的发展还需要具备良好的市场环境。

1. 加强企业数字化建设

我国企业数字化建设仍然处于基础设施建设阶段，深层次应用与创新有待进一步提高。

因此，加强企业数字化建设，是企业发展数字经济，抢占新经济"蓝海"的当务之急。鼓励企业加大数字化建设投入，积极开展数字经济立法，不断优化市场环境和规范市场竞争，是加快我国企业和市场数字化创新步伐的必然要求。

2. 优化互联网市场环境

目前，市场数字化呈现快速发展趋势，但市场环境仍然不成熟。我国互联网行业已经由自由竞争步入寡头竞争时代。但是，由于互联网市场监管法规不完善，处于支配地位的寡头经营者很容易利用技术壁垒和用户规模形成垄断，从而损害消费者的福利和抑制互联网行业技术创新，由此导致网络不正当竞争行为层出不穷。由于网络环境的虚拟性、开放性，网络恶性竞争行为更加隐蔽、成本更低、危害更大，不仅损害个别企业的利益，更加影响公平、诚信的竞争秩序，对数字化市场的发展环境构成严重威胁。

综上所述，我国数字经济已经扬帆起航，正在引领经济增长从低起点高速追赶走向高水平稳健超越，供给结构从中低端增量扩能走向中高端供给优化，动力引擎从密集的要素投入走向持续的创新驱动，技术产业从模仿式跟跑、并跑向自主型并跑、领跑全面转型，为最终实现经济发展方式的根本性转变提供了强大的引擎。

二、调整产业结构，提高信息化程度

数字经济正在引领传统产业转型升级，正在改变全球产业结构，正在改变企业生产方式。由此可见，数字经济时代政府如何调整产业结构，提高信息化程度，紧紧跟随数字经济发展潮流和趋势，是必须面对的新时代课题。

（一）大数据驱动产业创新发展

新形势下，发展数字经济需要推动大数据与云计算、物联网、移动互联网等新一代信息技术融合发展，探索大数据与传统产业协同发展的新业态、新模式，促进传统产业转型升级和新兴产业发展，培育新的经济增长点。

1. 大数据驱动工业转型升级

推动大数据在工业研发设计、生产制造、经营管理、市场营销、售后服务等产品全生命周期、产业链全流程各环节的应用，分析感知用户需求，提升产品附加价值，打造智能工厂。建立面向不同行业、不同环节的工业大数据资源聚合和分析应用平台，抓住互联网跨界融合机遇，促进大数据、物联网、云计算和三维（3D）打印技术、个性化定制等在制造业全产业链集成运用，推动制造模式变革和工业转型升级。

2. 大数据催生新兴产业

大力培育互联网金融、数据服务、数据探矿、数据化学、数据材料、数据制药等新业态，提升相关产业大数据资源的采集获取和分析利用能力，充分发掘数据资源支撑创新的潜力，带动技术研发体系创新、管理方式变革、商业模式创新和产业价值链体系重构，推动跨领域、跨行业的数据融合和协同创新，促进战略性新兴产业发展、服务业创新发展和信息消费扩大，探索形成协同发展的新业态、新模式，培育新的经济增长点。

3. 大数据驱动农业农村发展

构建面向农业农村的综合信息服务体系，为农民生产生活提供综合、高效、便捷的信息服务，缩小城乡数字鸿沟，促进城乡发展一体化。加强农业农村经济大数据建设，完善村、县相关数据采集、传输、共享基础设施，建立农业农村数据采集、运算、应用、服务体系，强化农村生态环境治理，增强乡村社会治理能力。统筹国内、国际农业数据资源，强化农业资源要素数据的集聚利用，提升预测预警能力。结合构建国家涉农大数据中心，推进各地区、各行业、各领域涉农数据资源的共享开放，加强数据资源发掘运用。加快农业大数据关键技术研发，加大示范力度，提高生产智能化、经营网络化、管理高效化、服务便捷化能力和水平。

4. 推进基础研究和核心技术攻关

围绕数据科学理论体系、大数据计算系统与分析理论、大数据驱动的颠覆性应用模型探索等重大基础研究进行前瞻布局，开展数据科学研究，引导和鼓励在大数据理论、方法及关键应用技术等方面展开探索。同时采取政产学研用相结合的协同创新模式和基于开源社区的开放创新模式，加强海量数据存储、数据清洗、数据分析发掘、数据可视化、信息安全与隐私保护等领域关键技术攻关，形成安全可靠的大数据技术体系。支持自然语言理解、机器学习、深度学习等人工智能技术创新，提升数据分析处理能力、知识发现能力和辅助决策能力。

5. 形成大数据产品体系和产业链

围绕数据采集、整理、分析、发掘、展现、应用等环节，支持大型通用海量数据存储与管理软件、大数据分析发掘软件、数据可视化软件等软件产品和海量数据存储设备、大数据一体机等硬件产品发展，带动芯片、操作系统等信息技术核心基础产品发展，打造较为健全的大数据产品体系。大力发展与重点行业领域业务流程及数据应用需求深度融合的大数据解决方案。

支持企业开展基于大数据的第三方数据分析发掘服务、技术外包服务和知识流程外包服务。鼓励企业根据数据资源基础和业务特色，积极发展互联网金融和移动金融等新业态。推动大数据与移动互联网、物联网、云计算的深度融合，深化大数据在各行业的创新应用，积极探索创新协作共赢的应用模式和商业模式。加强大数据应用创新能力建设，建立政产学研用联动、大中小企业协调发展的大数据产业体系。建立和完善大数据产业公共服务支撑体系，组建大数据开源社区和产业联盟，促进协同创新，加快计量、标准化、检验检测和认证认可等大数据产业质量技术基础建设，加速大数据应用普及。

（二）"互联网+"推动产业融合发展

创业创新、协同制造、现代农业、智慧能源、普惠金融、益民服务、高效物流、电子商务、便捷交通、绿色生态、人工智能。

1. 推进企业互联网化

数字经济引领传统产业转型升级的步伐开始加速。以制造业为例，工业机器人、3D打印机等新装备、新技术在以长三角、珠三角等为主的我国制造业核心区域的应用明显加快。

（1）"互联网+"树立企业管理新理念

企业互联网思维包含极致用户体验、免费商业模式和精细化运营三大要素，三大要素相互作用，形成一个完整的体系（或称互联网 UFO 模型）。互联网思维是在互联网时代的大背景下，传统行业拥抱互联网的重要思考方式和企业管理新理念。

互联网时代对企业生产、运营、管理和营销等诸多方面提出了新要求，企业必须转变传统思维模式，树立互联网思维模式。运用大数据等现代信息技术实现企业的精细化运营；坚持以用户心理需求为出发点，转变经营理念，秉承极少主义、快速迭代和微创新原则，实现产品的极致用户体验。例如腾讯公司、360 公司用户开发方面的成功案例，即是最好例证；实行看似免费的商业模式，加强企业与用户的联系，同样是腾讯公司、360 公司将这一思维模式发挥到极致。

（2）推进企业互联网化的行动保障

政府通过加大中央预算内资金投入力度，引导更多社会资本进入，分步骤组织实施"互联网+"重大工程，重点促进以移动互联网、云计算、大数据、物联网为代表的新一代信息技术与制造、能源、服务、农业等领域的融合创新，发展壮大新兴业态，打造新的产业增长点。统筹利用现有财政专项资金，支持"互联网+"相关平台建设和应用示范。开展股权众筹等互联网金融创新试点，支持小微企业发展；降低创新型、成长型互联网企业的上市准入门槛，结合《证券法》修订和股票发行注册制改革，支持处于特定成长阶段、发展前景好但尚未盈利的互联网企业在创业板上市。鼓励开展"互联网+"试点示范，推进"互联网+"区域化、链条化发展。支持全面创新改革试验区、中关村等国家自主创新示范区、国家现代农业示范区先行先试，积极开展"互联网+"创新政策试点，克服新兴产业行业准入、数据开放、市场监管等方面政策障碍，同时研究适应新兴业态特点的税收、保险政策，打造"互联网+"生态体系。

2. 推进产业互联网化

推进产业互联网化，就是推动互联网向传统行业渗透，加强互联网企业与传统行业跨界融合发展，提高传统产业的数字化、智能化水平，由此做大做强数字经济，拓展经济发展新空间。数字经济特有的资源性、加工性和服务性，为产业互联网化提供更为广阔的空间。总体讲，产业互联网化就是推进互联网与第一产业、第二产业和第三产业的深度融合、跨界发展。产业互联网化的过程即是传统产业转型发展、创新发展和升级发展的过程。

目前，应该以坚持供给侧结构改革为主线，重点推进农业互联网化，这是实现农业现代化的重要途径；重点推进制造业互联网化，这是实现制造业数字化、智能化的重要途径；重点推进服务产业的互联网化，这是推进第三产业数字化发展的重要手段。大数据的迅猛发展，加快了产业"互联网+"行动进程。未来某段时期内，大数据将推动金融、教育、医疗、交通和旅游等行业快速发展。

（三）加快信息技术产业和数字内容产业发展

在数字经济时代，发达国家经济增长的决定性因素由要素投入的"规模效应"转变为知识"溢出效应"，以信息数字技术为核心的知识密集型产业正在成为新的经济增长点。我国也应该顺应知识密集型产业发展的历史潮流，加快新一代信息技术创新，积极发展数字内容产业，通过产业融合和链条经济推动产业结构升级调整。

1. 加强新一代信息技术产业发展

当前，以云计算、物联网、下一代互联网为代表的新一代信息技术创新方兴未艾，广泛渗透到经济社会的各个领域，成为促进创新、经济增长和社会变革的主要驱动力。国务院《关于加快培育和发展战略性新兴产业的决定》，提出要加快发展新一代信息技术产业，加快建设宽带、泛在、融合、安全的信息网络基础设施，推动新一代移动通信、下一代互联网核心设备和智能终端的研发及产业化，加快推进三网融合，促进物联网、云计算的研发和示范应用。数字经济在我国将迎来前所未有的发展机遇。然而，由于我国是在工业化的历史任务远没有完成的背景之下发展数字经济，必须积极通过新一代信息技术创新，发挥新一代信息技术带动力强、渗透力广、影响力大的特点，充分利用后发优势推动工业、服务业结构升级，走信息化与工业化深度融合的新型工业化道路。在实践方面，中国移动、中国联通、中国电信三大电信运营商和华为、中兴等电信设备提供商在积极探索、推动以5G、无线上网、宽带接入为核心的信息通信技术的发展，取得了一定的成果，我国的信息通信产业正在日益成熟。

2. 重视数字内容产业的发展

数字经济已经从"硬件为王""软件为王"进入"内容为王"的时代，数字内容产业正逐渐成为增长最快的产业。我国必须统筹制定数字内容产业发展规划，加大知识产权保护力度，以链条经济充分带动数字内容产业的发展。

总之，数字经济在我国已经扬帆起航，数字经济正在打破传统的产业发展格局。为此，政府需要从数字经济发展的平台建设、"互联网+"行动计划，重视数字内容产业发展等方面采取措施，推进新形势下我国产业结构调整，提高信息化程度，积极应对数字经济发展。

三、弥合数字鸿沟，平衡数字资源

数字改变生活，数字经济发展也在改变我们的未来。在数字经济时代，社会和公众如何共享参与数字经济发展，使经济社会发展的成果惠及全社会和广大民众。这才是国家加快数字经济发展的出发点和最终落脚点。

（一）平衡数字资源

我国数字经济发展的最显著优势是网民众多，网民众多有利于我国成功从人口红利向网民红利转变。但是，以互联网为代表的数字革命普及和应用的不平衡现实仍客观存在。

1. **数字鸿沟的主要表现**

（1）网民地区分布不均衡

我国各地区互联网发展水平与经济发展速度关联度较高，普及率排名靠前的省份主要集中在华东地区，而普及率排名靠后的省份主要集中在西南地区。

（2）不同群体数字鸿沟显著

低学历群体依然是数字时代的"弱势群体"。数字鸿沟的存在不仅取决于网络设施普及程度，更取决于人们运用数字技术的知识与能力。这种现象在我国当前的数字鸿沟中表现十分明显。

2. **弥合数字鸿沟的具体举措**

数字鸿沟是阻碍社会共享参与数字经济发展的最大障碍。因此，弥合数字鸿沟，平衡数字资源，是促进社会共享参与数字经济发展的必然要求。具体举措如下。

（1）建设数字政府

通过提升 Wi-Fi 网络覆盖面和便捷性，加快推动和实现政府数据的开放和应用，引领大数据及相关产业的创新或研究，建立和整合政府公共云数据中心，推动和推广政府部门电子政务移动服务等措施，加快数字政府建设，提升政府对民众参与数字经济的服务水平和能力。

（2）实现网络全覆盖

通过加大信息网络基础设施建设，尽快实现网络全面覆盖城乡，均等加大不同地区网络建设投入力度，使数字经济成果惠及不同区域、不同地区、不同群体。

（3）加强信息化教育

通过引用数字化手段帮助贫困家庭儿童求学、求知，提高综合素质，提升上网技能；加快城镇化进程，实现农村不上网群体生产生活转变，提高民众参与数字经济发展的热情。

（二）大力倡导大众创业、万众创新

按照国家创新驱动发展战略，实施大数据创新行动计划，鼓励企业和公众发掘利用开放数据资源，激发创新、创业活力，促进创新链和产业链深度融合，推动大数据发展与科研创新有机结合，由此形成大数据驱动型的科研创新模式，打通科技创新和经济社会发展之间的通道，推动万众创新、开放创新和联动创新。

1. 扶持社会创新发展

数字经济是未来经济发展的新"蓝海"，蕴藏巨大的商机，展现了更为广阔的市场。面对数字经济带来的新机遇、新挑战，政府应该帮助社会创新发展，因为只有创新才能使社会大众从数字经济的金矿里挖掘出更多的"金子"。

（1）鼓励和扶持高校生和职业院校毕业生创业

实施"高校生创业引领计划"，培育高校生创业先锋，支持高校生（毕业5年内）开展创业、创新活动。通过创业、创新座谈会、聘请专家讲座等形式鼓励和引导高校生创业、创新。积极扶持职业中专、普通中专学校毕业生到各领域创业，享受普通高校毕业生的同等待遇。免费为毕业生提供创业咨询、法律援助等服务。

（2）鼓励专业技术人员创业

鼓励专业技术人员创业，探索高校、科研院所等事业单位专业技术人员在职创业、离岗创业的有关政策。对于离岗创业的，经原单位同意，可在3年内保留人事关系，与原单位其他在岗人员同等享有参加职称评聘、岗位等级晋升和社会保险等方面的权利。鼓励利用财政性资金设立的科研机构、普通高校、职业院校，通过合作实施、转让、许可和投资等方式，向高校毕业生创设的小型企业优先转移科技成果。完善科技人员创业股权激励政策，放宽股权奖励、股权出售的企业设置年限和盈利水平限制。

（3）创造良好创业、创新政策环境

简化注册登记事项，工商部门实行零收费，实行创业补贴和税收减免政策。取消最低注册资本限制，实行注册资本认缴制；清理工商登记前置审批项目，推行"先照后证"登记制度；放宽住所登记条件，申请人提供合法的住所使用证明即可办理登记；加快"三证合一"登记制度改革步伐，推进实现注册登记便利化。

（4）实行优惠电商扶持政策

依托"互联网+"、大数据等，推动各行业创新商业模式，建立和完善线上与线下、境内与境外、政府与市场开放合作等创业创新机制。全面落实国家已明确的有关电子商务的税收支持政策，鼓励个人网商向个体工商户或电商企业转型，对电子商务企业纳税有困难且符合减免条件的，经地税部门批准，酌情减免地方水利建设基金、房产税、城镇土地使用税。支持电子商务及相关服务企业参与高新技术企业、软件生产企业和技术先进型服务企业认定，如符合条件并通过认定的，可享受高新技术企业等相关税收优惠政策。

2. 规范和维护网络安全

随着移动互联网各种新生业务的快速发展，网民网络安全环境日益复杂。为此，政府需要加强法律制度建设，提高网民网络安全意识，维护社会公共利益，保护公民、法人和其他组织的合法权益，促进经济社会信息化健康发展。

当前，大数据已从互联网领域延伸至电信、金融、地产、贸易等各行各业，与大数据市场相关联的新技术、新产品、新服务、新业态不断涌现，并不断融入社会公众生活。大数据在为社会发展带来新机遇的同时，也给社会安全管理带来新挑战。由于数据的采集和使用权责不明、边界不清，一些公共部门和大型公司过度采集和占用数据，一些企业和个人不规范使用数据信息，直接侵害了数据信息所有人的合法权益。

针对以上问题，有全国人大代表建议结合我国国情，借鉴国际经验，尽快启动规范数据使用和保护个人信息安全方面的立法工作。规范数据使用管理，对非法盗取、非法出售、非法使用、过度披露数据信息的行为，开展专项打击，整顿市场秩序。将个人使用数据的失当行为纳入公民社会信用记录，有效净化数据使用环境。

3. 树立共享协作意识

移动互联网平台、大数据平台和手机 App 等现代信息技术平台的推广运用，使社会、公众的联系愈加紧密，也为数字经济时代社会协作发展提供了可能。

（1）积极发挥社会组织公益式孵化作用

社会组织本质上是自愿结社，具有平等共享和自发的特点，成员之间平等交流、同业互助的社会关系能够促进良性的创新思维。同时，自发成立的社会组织本身也是一种创业和创新，可以说，社会组织天然地具有创新、创业基因。为了提高创业、创新的成功概率，应该积极发挥社会组织对创业者的公益式孵化作用，弥补国家、政府、企业无法顾及的创业、创新领域。目前，在中关村就有多家社会组织为大众创业、万众创新提供全方位服务。比如"民营经济发展促进会""民营经济发展研究院""高校生创新创业联盟""职业教育产业联盟""中关村国大中小微企业成长促进会""中关村创业投资和股权投资基金协会"等，通过开办"创新创业大讲堂""创新创业服务超市""创新创业孵化基地"等，为数以万计的创业青年、众创空间、创业技术企业提供了融资、专业技能、管理水平、政策法规、办理执照等服务。

（2）坚持共享协作发展

在数字经济时代，创业、创新发展不再是单兵作战、孤军奋战，而是政府、企业、社会共享协作发展。所以，创业、创新发展要获得巨大成功必须充分利用移动互联网平台、手机 App 等数字化服务，加强政府、企业、社会共享协作发展，构建"政府引导、企业主导发展、社会共享协同参与"的数字经济发展新格局。

总之，数字经济发展成果广泛惠及社会民众，这是数字经济发展的根本。所以，弥合数字鸿沟，平衡数字资源，是社会共享参与数字经济发展的基本前提；大力倡导大众创业、万众创新战略行动，是社会共享参与数字经济发展的具体实践；规范和加强网络安全，加紧网络安全法规制度建设，是社会共享参与数字经济发展的重要保证。

第三节　数字经济新理念与企业创新管理

一、企业创新管理的内涵

现如今，创新已逐渐成为人类社会经济发展的主要推动力。近年来，创新理论和实践进一步发展，如用户（供应商）创新、全时创新、全流程创新、全员创新等。在此基础上，为了适应当今社会的经济发展和市场竞争，国外的许多以创新为推动力的企业，如惠普、三星、索尼等，以及我国领先企业，如海尔、宝钢等，都逐步开展了创新管理实践活动，并取得了显著成果。

（一）不同视角下的企业创新管理

1. 技术创新视角下的企业创新管理

从 20 世纪 60 年代开始，创新管理理论研究主要立足于研究组织如何通过推动企业创新，以实现创新绩效。在复杂的创新战略中，产品的设计研发是创新的重要来源。

技术创新是在技术原理的指导下将潜在的生产力成果转化为现实生产力的过程，其是技术的产业化、商业化以及社会化的过程。

2. 制度创新视角下的企业创新管理

制度创新包含狭义和广义两个概念。企业狭义的制度创新即组织创新，重点研究企业产权制度问题；广义的制度创新则包括狭义的制度创新以及技术创新、市场创新和管理创新四个方面的内容。企业制度创新体系系统地考虑了企业制度的构成要素及内在联系，是在系统创新观影响下的制度创新内涵。

3. 系统创新视角下的企业创新管理

创新生态系统论认为，企业内部、企业之间、产业之间、区域之间、国家之间是一个整体的生态系统，每个生态系统都是开放的并与外界相联系且自我动态适当调整的。

企业创新是一个开放而又复杂的动态系统，技术创新仅仅是作为企业创新的主要动力源泉之一，其作用的有效发挥离不开组织结构、发展战略、营销手段、人力资源管理等要素的支撑。20 世纪 80 年代，随着环境的变化，以技术创新为核心的传统创新模式的局限性逐渐显现。创新管理系统观的研究建立在对企业动态环境的把握上，体现了系统全面的创新思维，摆脱了以线性与机械为基础的技术创新管理，突出创新管理系统内各个子系统之间的互动对创新绩效的作用。

4. 全面创新视角下的企业创新管理

企业环境的变化将影响创新活动的成效，因此企业必须对创新流程进行管理，才能提高创新绩效。全面创新管理是创新管理的新范式，以培养核心能力、提高核心竞争力为导向，以价值创造（价值增加）为目标，以各种创新要素（如技术、组织、市场、战略、文化、制度等）的有机组合与全面协同创新为手段，通过有效的创新管理机制、方法和工具，力求做到"全要素创新、全员创新、全时空创新和全面协同"。进一步将全面创新范式的内涵概括为"三全一协同"，即全要素创新、全员创新、全时空创新和全面协同。强调全员创新是企业主体在战略、文化、组织和制度上的实践运行。全面创新管理延续了系统观对创新的非线性思考，同时又确立了创新管理的立体思维。从挖掘企业持续竞争优势的源泉出发，不仅强调了全员创新的主体作用，更强调了创新要素的时空组合，是新时代背景下创新管理研究发展的主导方向。

5. 开放创新视角下的企业创新管理

企业不应局限于内部系统之内，而应把外部创意和外部市场化渠道同内部系统相结合，进行内部和外部的资源均衡协调，寻找与利益相关者共赢甚至是多赢的商业创新模式。

开放式创新摆脱了以往局限于企业内部系统的格局，突出了更全面、更系统、更开放的创新生态观，极大地提高了企业资源的终极效率。因此，开放创新与全面创新的融合将会是知识经济时代背景下，企业面临着极限竞争与客户需求多样化环境的必然选择。

(二) 企业创新管理的特征及原则

1. 企业创新管理的定义

创新管理是当今管理科学新兴的综合性交叉学科，对我国企业国际竞争力和经济持续增长具有深远影响。但其研究过多考虑技术因素，忽略战略、资源、文化等非技术因素。只有从全面创新、战略系统、复杂动态的高度，才能提升企业创新管理研究的广度与深度，以推动理论研究的发展与实证指导的深入。因此，企业创新管理的定义为：企业以培养核心竞争力为中心，以增加价值为目标，以战略为导向，以创新技术为核心，以各种创新（体制创新、战略创新、管理创新、市场创新、文化创新、组织创新等）的有机融合为手段，通过各种有效的创新管理机制、方法和工具，力求做到全员创新、全球化创新、全流程创新、全时空创新和全价值链的创新。

2. 企业创新管理的特征

企业创新管理在实施过程中表现出以下四个特征。

第一，企业创新管理具有战略性，其表现在既能够提高企业目前的经营绩效，又能够培养和积累核心能力以保持持续竞争优势。

第二，企业创新管理具有整体性。全面创新管理是需要通过各部门、各因素共同协调配合才能完成的一项系统工程。

第三，企业创新管理具有广泛性。创新活动必须渗入组织的每一个事件、每一个部门、每一个流程、每一位员工、每一个角落。

第四，企业创新管理具有很大的复杂性。企业创新包括技术创新、产品创新、文化创新、管理创新等多项创新，这些创新既密切联系，又相互影响、相互作用，构成了一个具有一定功能效应的多层次的关系复杂的企业创新系统。这个企业创新系统具有很大的复杂性，须综合协调企业创新系统中各子系统之间的关系，方能使之发挥综合的协调作用，达到促进企业发展的目的。

另外，企业创新系统还会受到外界各种因素的干扰和影响，企业创新系统必须提高抗干扰能力。因此，要提高企业创新系统的整体功能，增强抗干扰能力，就必须研究系统的运行规律，加强对企业创新系统的管理。

3. 企业创新管理的原则

（1）全要素创新

企业需要系统和全面地考虑组织、文化、制度、战略、技术等，使各要素达到全面协调，以取得最优的创新成果。

（2）全员创新

企业创新不再局限于技术人员和研发人员，而应该是全体员工共同参与。从研发人员、生产制造人员、销售人员到财务人员、管理人员、售后服务人员等，每个岗位上都能够涌现出色的创新者。

（3）全时空创新

全时空创新分为全时创新和全空间创新。全时创新是指让创新成为企业发展的永恒主题，使创新成为各个部门和每个员工的必需品，使创新是每时每刻的创新而不是偶然发生的事件。全空间创新是指在网络化和全球经济一体化的背景下，企业应该在全球范围内有效整合创新资源，以此来实现创新的全球化，即处处创新。

二、企业创新管理的影响因素

（一）企业文化

企业创新是企业在竞争中不断寻求新的平衡点与发展永恒动力的自我否定与自我超越的过程，企业文化创新跟进是创新成效的不可或缺的连续行为，因为企业的任何一项创新首先是观念创新、文化更新与再造，所以只有企业具备了创新型文化、学习型文化、开放型文化和兼容性文化，企业创新才能更具活力和生命力。充满创新精神的企业文化通常具有以下特征：①兼容性，能接受模棱两可和容忍不切实际；②学习性；③开放性，即不为原有的成功所约束，不形成创新"惰性"；④承受风险，即一是鼓励大胆实验，二是有危机意识；⑤注重结果甚于手段；⑥强调开放系统，即适应环境变化，并及时作出反应。

创新管理文化不仅是企业创新管理的核心因素，也是开展创新管理工作的重要驱动力。企业管理人员应结合企业自身发展的实际情况与方向，建立一种符合企业发展的全员创新的思想价值观念，并正确引导企业基层职工认真学习和理解这种价值理念，树立正确的思想价值观念，进而培养全体员工树立积极向上的工作态度。

（二）企业组织结构

首先，优良的组织结构对企业创新有正面的影响。因为一个优良的组织结构可以提高组织的灵活性、应变能力和跨职能的工作能力，从而使创新更易于被采纳。其次，拥有富足的资源能为企业创新提供另一重要的基础，使得企业有能力承受创新的成本。再次，有利于创新的信息流能在各部门之间顺畅流动，有利于克服阻止创新的障碍。最后，作为企业创新管理的重心，构建学习型组织不仅有助于企业学习能力的培养，也对企业长期发展能力的形成有着积极影响。同时，还要针对企业各部门之间的工作协调和信息交流，建立完善的沟通机制，并采用丰富多样的能力手段来全面激发员工参与创新工作的积极性，构建良好的创新环境，进而不断加强企业的知识管理，为构建学习型组织奠定良好根基。

（三）企业战略机制

在影响企业创新管理的关键因素中，战略机制因素在其中有着统领全局的积极作用。创新管理作为一项漫长的工作，如果企业领导没有给予足够的鼓励与支持，那么创新管理不仅难以获得理想效果，也失去了实际意义，因此，企业管理层领导应坚持长期开展企业创新管理工作，并在战略方面给予充分的重视与支持。同时，还应结合实际管理需要建立与之相适应的激励和决策机制，并且在信息与资金等方面给予足够的支持，从而使企业的创新管理工作能够顺利开展，相应措施也能够得到科学全面的贯彻落实。

（四）人力资源

人力资源是创新的决定性因素，因为，创新来源于企业员工的创新思想，来源于员工的创造力，来源于员工的整体素质。而影响员工创新的主要因素有：基于员工创造力的组织；对企业员工的培训，以保持员工的知识得到及时更新；企业员工的不断学习，互相迅速交流信息。创新系统必须有才可用和有才能用。为此，创新管理的方向之一就是一方面要加强创新人才的培养，另一方面也要激活用人机制，其关键就是要促进人才流动。

作为企业开展创新管理工作的重要保障，该因素能够为促进企业全体工作人员参与到企业创新管理中提供有力保障，积极参考员工提出的创新管理意见和建议，进而真正做到以人为本，并充分发挥全体员工的集体智慧。同时，企业管理人员在实行以人为本的管理理念时，不仅要紧紧围绕企业共同目标和发展前景，还要积极引导基层工作人员积极主动地参与到企业创新管理活动中，并结合企业实际管理和发展现状，不断更新和完善工作激励机制，进而促进企业全体员工都能够树立正确的工作态度与价值理念，不断提升企业员工对自身从事工作的认同感，增强其工作热情和自身对工作的成就感和使命感，并积极参与企业组织的相关学习、培训活动，不断提升自身的专业素养，从整体上提高企业的创新管理意识。

(五) 通信与沟通方式

流动性不仅表现为人员的流动和思想的交流，而且也表现为资金的流动。各种杂志、讨论会促使人们交流看法和经验，同时也促成了创新。总之，由成功企业家的"成功故事"引出的竞争，能够使自己的企业进入新技术交易所市场或将其转卖给国际公司，这些都有利于创建创新企业。这些企业的成功最终取决于由一种创新的"临界质"带来的扩大效应和合并效应。其成功取决于大量的信息，这些信息的快速流通以及通过强大的、多分支的通信网络为人们所共有。这些通信网络不仅包括因特网或企业内部网，更主要还包括人员交往的关系网，凭借着会面、讨论和相互间的创造，这些网络成为出现创新的重要条件。

三、数字经济促进企业创新管理发展

随着"互联网+"的不断扩展，我国各行各业的发展模式都发生了巨大的变化，与此同时，企业的管理模式也正处于积极、快速的演变之中。云技术的不断应用，是"互联网+"时代的一大重要特征。在云技术环境下，企业的管理模式不断由简单化走向云系统化，不断形成"云终端"式的企业管理模式。

(一) 数字经济给企业创新管理带来的变化

1. 数字经济破解企业创新链瓶颈

我国的制造业规模已连续多年位居世界第一，也是全球最大的工业产品出口国，但是我国制造的附加值偏低，一定程度上存在着被全球价值链"低端锁定"的风险，关键瓶颈在于创新能力不高，突出表现为消费者与研发者信息分割、产业链与创新链对接不够等问题。传统制造业企业的研发流程是集中人才、财力开发一个新产品，然后在市场上进行推广，失败风险较高，并且由于创新资源分散，在研发过程中难以整合业内研发资源，从而制约了创新效率。

数字经济正在颠覆传统制造业的研发模式，借助数字化的开放式创新平台，消费者可以深度参与到一个产品的研发设计中，消费与研发之间的障碍被打破，数字经济使得大量的消费需求信息低成本、及时性地呈现给企业研发设计部门，推动我国制造企业围绕庞大的消费群体开发新产品。企业可以尽快推出"最简可行产品"，通过在线消费者的体验评价、优化建议等逐步完善产品细节，这种快速迭代研发模式是基于消费者的产品研发，把客户的需求信息和变化及时反馈到研发端，大大降低了产品的市场风险。同时，企业通过搭建数字化、网络化协同研发平台，可以打破行业、企业、地域等限制，集聚业内研发资源为同一个创新项目出谋划策。设计工具云端化为不同人员参与设计提供了一致标准和平台，可以有效推动产业链与创新链的紧密联系。

2. 数字经济提升企业制造链的质量

近年来，我国制造的产品质量明显提升，但在可靠性、连续性、稳定性等方面均存在一定差距，制造链质量是我国制造转型升级中必须重视的一个核心问题。

数字经济为我国制造链的质量提升提供了新支持，数字化生产、智能化制造可以有效提高生产过程和产品质量的稳定性。数字化工厂是基于数字平台的虚拟工厂和物理工厂无缝对接的工厂形态，虚拟工厂执行与物理工厂相同的制造过程，这种"数字双胞胎"技术能够及时发现制造过程中出现的问题，并对可能出现的问题进行预判，确保生产线正确运行和生产质量稳定。数字化工厂在解决标准化的同时，还可以通过对制造过程产生的大量数据的分析和挖掘，对生产制造流程进行优化提升，使设备可以通过自分析、自决策矫正上一道工序中出现的问题，提高制造链运行效率和产品质量，改变了传统的工业知识沉淀模式。

3. 数字经济拓展创新服务链空间

向"微笑曲线"两端高附加值环节延伸，尤其是向系统集成、综合服务等环节延伸，拓展我国制造的服务链空间，提高我国制造服务增值能力，培育一批综合解决方案提供商，是我国制造转型升级的关键路径。但是，我国制造中代工、组装等占比较大，在服务化领域的要素积累和人才储备严重不足，向服务化转型面临较大障碍。

数字经济无疑为制造业服务化提供了技术和平台支撑，通过互联网、物联网、大数据等技术，使得制造企业在远程维护、在线监测、线上服务等领域拓展服务链更便捷、更高效。同时，数字化技术、互联网技术等可以推动制造企业整合内、外部资源，创新服务化模式，在个性化定制、系统集成服务、解决方案提供等方面培育新业态新模式。大规模的制造业服务化可以催生第三方网络化服务平台，为同类制造型企业提供专业化服务，聚集海量数据，加快制造业服务业模式创新，降低了制造业企业服务化转型的成本。

（二）数字经济促进企业创新管理发展的实现路径

数字经济为我国制造转型升级提供了新动力，同时，由于数字经济是一种通用目的技术和基础设施，也对我国制造业提出了更高要求，制造业呈现出"软件定义、数据驱动、平台支撑、服务增值、智能主导"的新特征。数字经济驱动下我国制造转型升级路径正在发生变化，以平台化、生态化、软件化、共享化、去核化等实现"弯道超车"。

1. 平台化

数字经济驱动我国制造业企业向平台型企业转型升级。制造业企业生产组织方式平台化是大势所趋，海尔、三一重工、沈阳机床、红领等传统制造型企业依托数字技术和互联网加快向平台经济转型，如海尔通过"企业平台化、员工创客化、用户个性化"，把企业打造成一个集聚信息、资源、数据的开放式平台，打通了内外部资源，打破了信息不对称，推动了产业跨界融合，催生了一大批新产品、新业态、新模式，为企业转型发展提供了新动力和新支撑，制造业企业借助平台思维从生产者、交付者转变成为整合者、连接者。当前，企业竞争加快向平台竞争转变，通过打造平台经济为全行业提供服务，平台价值随着使用者的增加而呈现指数级增长，在产业竞争中占得先机与优势。近年来，沿海地区制造业企业加快培育平台经济，对全国乃至全球产业资源进行系统整合，把信息流、资金流、数据流等集聚到专业化平台上，进一步强化产业优势。

2. 生态化

在数字化背景下，不同产业和区域的生态之间，开始发生越来越多的关联，它们可能将不再羁于行业、地域等因素带来的条块分割，而是紧密地交错起来，让跨界地带产生丰富的创新空间，从而形成一个"数字生态共同体"。制造业企业可以通过平台经济培育壮大生态系统，促进消费者、设计师、制造商、服务商等参与方集聚到同一生态圈中，形成联动优势，生态链优势一旦形成就可以依托海量数据进行协同演进、自我强化，在激烈的市场竞争中彰显系统优势。未来，企业之间的竞争将演化为生态圈与生态圈之间的竞争。

3. 软件化

在数字经济时代，软件定义一切。当前，工业技术软件化趋势加快，工业软件定义了研发、制造、运营、管理等业务流程，数字化设计、智能制造系统、工业互联网、人工智能、3D打印等技术日趋成熟，制造业的研发方式、制造模式、业务流程、盈利模式等正在被重新定义。同时，工业软件云端化加速，基于工业互联网、面向特定应用场景的工业

App 也在持续涌现。尤其是数字工厂、智能制造的推广渗透，设备之间的端到端集成更加成熟，基本实现"无人工厂"，其中的核心是工业软件。

4. 共享化

在数字经济时代，制造业将是共享经济的主战场，我国拥有超大规模的设备，在传统产能过剩和产品升级加速双向挤压下，研发设计能力、生产制造能力、检验检测能力、物流配送能力等都可以通过共享经济平台进行交易，推动闲置设备、闲置工厂重新投入使用。阿里淘工厂、航天云网等模式的成功运行，证明了共享经济在制造业领域存在广阔的发展空间。同时，面对个性化、小规模需求的快速增长，企业规模和产品批量小微化，单个企业投资大量设备占用资金，使用效率不高，共享工厂模式应运而生。当前，沈阳机床、明匠智能等智能制造方案提供商均谋划在优势产业集群、众创空间等布局共享工厂，为同类型企业提供加工制造服务，企业可以通过在线平台传输数据完成订单、制造过程及交付、结算、物流等全流程，真正实现互联网制造。

5. 去核化

在数字经济时代，制造过程的各个参与方均被充分赋能，大数据、物联网、智能制造等技术也使得分散决策成为可能，并且效率会更高，科层制、事业部制等传统管理模式难以适应数字经济时代新要求，倒逼制造业企业组织结构"去核化"（或称"去中心化"），每一个点都可以围绕客户需求对企业内外部资源进行重新组合，开辟新产品、新服务、新业态、新模式。例如，海尔近年践行的"人单合一"模式，把员工转变为平台主、小微主、小微成员，同时创新薪酬体系加快组织结构和管理模式变革，激活了内部资源，激发了企业内部"大众创业、万众创新"的热点，催生了一大批新业态、新模式，为企业转型发展注入了新活力。

四、数字经济给企业创新管理带来的影响及机遇

在数字经济时代，数字化转型正在重新定义并进化企业管理。企业经营理念呈现企业平台化特征，更加注重生态，让大企业做平台，小企业上平台；组织设计向扁平化进化；企业服务化职能强化；运营流程呈现企业数字化特征，强调数字化工作、数字化流程、数据挖掘。

（一）数字经济迫使传统企业转型

企业组织规模的边界，受内部交易成本、企业家决策水准、产品多样性等因素影响，

均衡于内部交易成本等同于外部市场运行成本的临界点。依托封闭式、垂直一体化层级架构，通过自上而下的行政命令来安排生产及交易，提高效率和降低交易成本，这是新时期企业的主要特点。时过境迁，如今，人类即将告别工业化，步入信息化时代。在我国，基于互联网和新一代信息技术的企业如雨后春笋般蓬勃兴起，迅速发展。与数字经济时代的新生企业比较，工业化时代传统企业所处的外部市场条件诸如运行成本、消费者需求已发生深刻变化，合力倒逼传统企业变革创新。沿袭科斯运用替代、边界两个概念工具分析企业性质的基本思路，考察数字经济时代传统企业遭遇的变革冲击、传统企业替代市场机制的基础是否动摇或发生变化、传统企业浴火重生的路径及启示，可能是一项理论与实践相结合的、非常有趣和富有挑战性的工作。

1. 传统企业受数字经济的内外夹击

从企业内部来看，信息化改造虽然使得内部交易成本走低，但传统企业自上而下的决策和执行机制即便采用了 ERP 等，也无法满足消费者日益个性化、多元化的需求。以往盈利颇丰的标准化产品逐步被新生代个性化消费者抛弃，导致企业产能过剩、库存增加、现金流紧张，内部交易成本走高。以往经济不振时，企业临时裁员、兼并重组转向高利润业务、上市融资等老办法无法根治对市场响应迟缓和内部交易成本攀升等问题。

从企业外部来看，市场运行成本降低和竞争日趋激烈正猛烈冲击着传统企业。全球贸易便利化国际规则、交通及信息的互联互通、电子交易方式的普及、社交平台经济等很大程度上降低了市场机制成本，使得未实施大刀阔斧改革的传统企业替代市场机制的成本优势不断走弱。而极少数先行变革成功者往往会抓住机遇窗口期，利用竞争优势通过设立行业标准、抢占市场份额、产品定价权等方式获取行业垄断利润，哪怕是暂时的，也会加速传统企业的竞争性淘汰。考虑到互联网巨头利用商务运营、管理中沉淀的数据及背后的知识和规律轻松打破以往"隔行如隔山"的行业壁垒来实施横向跨界兼并整理，那么时下传统企业的艰难甚至惶恐就可以理解得更深刻一些了。

2. 传统企业需要组织创新

基于企业交易成本走高、外部激烈竞争等因素影响，数字经济时代，用户（消费者）导向的传统企业组织变革悄然兴起。开始实施组织创新的传统家电生产制造企业海尔就是典型代表。海尔消费者导向的组织变革经验：一是积极构建消费者导向的企业服务生态系统。通过与消费者的多渠道互动，围绕消费者个性需求设计、开发和生产产品，为消费者提供基于物联网、大数据和云计算技术的售后维保服务。二是转变自上而下的层级决策机构为自下而上的横向分散决策机制。裂变一个大组织为诸多小组织，然后依托小组织模拟构建比外部市场更纯粹的横向分散决策市场机制，变以往自上而下的决策机制为自下而上，来解决传统企业决策信息不及时不充分的难题，不断优化提高企业内部资源配置和对外部市场变化响应的效率。三是转变雇主与雇员的雇佣与被雇佣关系为新型的合作分成关系，与员工共享企业利润剩余索取权。基于企业与员工的合作分成关系，使得每名员工都成为企业实质上的主人。依托新型合作分成关系，把考核评价员工的权利交给消费者，内外结合发力，使企业成为一个由诸多建立在自利基础上、以满足消费者需求为己任、以追求公司利益最大化为目标、与企业共享剩余索取权的互联式团队。

3. 传统企业正经历"互联网+"实践创新

为创新图强，传统企业不仅在组织创新方面实践探索，而且结合"互联网+"在设计、生产、执行、营销、维保、物流配送等环节开拓创新，寻求突破。从实践来看，近年来传统企业积极响应国家大政方针，大力发展和依托人工智能等新一代信息技术，降低企业交易成本、库存资金占有率和应收账款，以提升企业利润水平和现金流。例如，山西太钢集团，依托云计算、大数据、物联网等新一代信息技术，大力实施信息化改造，互联构建以纵向决策支持、运营管理、生产执行、过程控制、基础自动化五级架构为骨干和用户个性化需求为导向的数据中心，全面对接采购、生产、质量、销售、设备及财务管理等业务流程，减弱了部门之间的壁垒，降低了资金、质量控制、订单追溯等方面的成本，提高了企业总利润率。

总体来看，传统企业正在"互联网+"的创新实践中积蓄力量、孕育新生。以往传统工业的标准化生产方式正为数字经济时代的个性化、智能生产方式所替代，传统受区域限制的线下现金交易方式正被线上数字货币交易方式所冲击，传统的分层、贴标签式营销正为智慧、精准的信息推送营销所替代，传统的物流配送服务正为低成本、高效率的智慧物流所替代。伴随生产、交易、营销、流通方式的转变，以往传统生产、生活、交往的习惯、理念、文化正随着新技术的集群加速发展应用在全面重塑中萌生新枝芽。传统企业服务的市场正发生翻天覆地的变化，只有顺势而为，因势导利，勇于实践创新，方可突出重围。

（二）数字经济对企业创新范式产生影响

以创新的角度而言，未来全球的创新范式正在发生很大的变化，主要体现在以下三个方面。

1. 创新范围已经从"封闭竞争"走向"开放合作"

创新更多是由多个企业在一个创新生态系统中相互合作完成的，创新边界已经超出了企业既有的边界。

2. 创新组织已经从"一体化"走向"平台"

"平台"以其特有的弹性，成为网络经济背景下的重要战略选择和组织形式，使得企业的创新活动同技术和市场变化共同演进。

3. 创新行为已经从"线性创新"走向"涌现创新"

未来需要培育友好的"创新生态系统"，即培育创新的环境，创造创新的机会和激情，尊重和鼓励创新，引致创新行为不断涌现，相关各方共生跟进。

(三) 企业数字化转型带来的四大机遇

1. 数字经济加速企业应用创新

为跟上市场的变化，各行各业都在改变新产品、新应用的开发和发布方式。在传统模式下，数据收集、设计、制造需要很长时间，而且要预先对更新、测试、发布进行规划，完成这一系列工作需要数月甚至数年的时间。

现在越来越多的企业转而采用敏捷设计、制造与发布，在速度和质量之间实现了更好的平衡，能够快速撤回不成功的新产品或新服务，而不影响关键服务和系统的持续运行。为建立更加敏捷的工作流程，企业应实现更紧密的团队协作，以及无缝的系统集成，而且还需要能够实时监控协作与集成的成果。

2. 用大数据增强企业创新的洞察力

每个企业都希望用大数据武装自己，但只有弄懂了数据的含义，才能将信息转化为竞争力。事实上，每个企业都拥有相当多的客户、竞争对手以及内部运营的数据，因此需要采用合适的工具和流程，去挖掘数据的真正含义，才能快速做出明智的决策促进创新，并制订具有前瞻性的发展计划。

3. 数字化工具提供企业创新的工作空间

技术消费化趋势和移动设备的增多，导致如今企业员工的工作环境流动性远大于从前，工作空间的概念已经发生根本性变化。

工作将不再受时间、地点的限制，为了吸引和留住优秀人才，企业必须建立能够适应这种新型工作方式的环境和文化。合适的数字化工具和政策在这里尤为重要，利用它们，员工即可高效应对职场中的各种复杂情况。

4. 适应企业创新业务发展的安全保障

企业在加速创新、缩短产品周期的同时，也面临更多安全风险与威胁。随着更多应用实现互联互通，黑客成功侵入一个系统就能非法访问所有相连系统，而员工与合作伙伴所获得的远程访问权限，也让企业必须应对系统后门可能增多的疑问。

从安全角度来看，简化安全流程，持续不断地对所有系统进行推敲、测试和升级至关重要。通过自动化工具以及更好的协议配置，可以让企业显著缩短发现和修补漏洞的时间差，从而最大限度地降低系统遭遇非法入侵和数据丢失的可能性。

第四节　企业创新管理的数字化转型

一、企业创新管理数字化转型的核心技术

（一）便利可靠的连接

适配多种控制器、性价比高、新技术跟踪。全球主流运营商网络的无缝集成与切换，GPS 与北斗定位，以及商用卫星通信能力。

（二）混合云架构技术

基于公有云的技术架构，又能确保数据隐私，打造"公有云+私有云"架构，具备多云迁徙能力。

（三）工业大数据处理技术

支撑工业大数据的广泛应用，应来自工业企业的最朴素需求。最接地气的工业大数据应用，包括宏观经济预测、配件需求预测、产品研发大数据分析、在外贷款风险管控模型、设备故障预测模型、服务模式创新等。

（四）可复制的应用能力

应对解决个性化/标准化的冲突，应对客户的个性化需求，又要具备大规模复制的互联网拓展模式，确定核心应用为后市场服务运营管理（通用性高、普遍的痛点、制造业与服务业的接口），利用互联网轻量级架构，打造组件化、微服务化功能模块，便于应用的自由配置和功能的个性化组合。

（五） 集成应用的整体效率

从接入到应用端到端打通，跨技术层级的整体效率和易用性；开放性能够对接各种外部应用。

（六） 多层次、端到端的安全防御体系

建立云、管、端全方位的安全防御体系，如芯片硬件加密（TPM/TEE）、安全 OS（隔离）轻量级、终端安全插件（轻量化）、设备端软硬件防篡改、识别并过滤 IoT 协议和应用、百万并发连接处理、无线网和固网加密传输协议、DDoS 攻击防护、云端安全运维中心、基于大数据安全态势感知等安全管理技术。

二、企业创新管理数字化转型的法则

（一） 满足客户新需求

在数字化时代，行业之间的界限越来越模糊。传统上来讲，有些企业只专注于一个领域，但未来的数字企业需要更多地关注其他领域，开发新的增长点，从而满足客户的需求。

为构建以客户为中心的体验，企业不仅需要集成世界一流的技术，还需要改变原来的组织结构和流程，包括企业的管理层和普通员工都应接受企业的数字化转型，提高客户关注度，这样才能推动企业在数字经济时代实现长足发展。如今，全球各地的客户把更多精力投在互联网搜索和社交媒体上。因为他们希望随时随地通过移动设备，灵活获取并快速利用这些信息。这场融合了网络、社交媒体、移动商务和云计算的完美风暴正引发商务领域的巨变，而且在与企业博弈中，客户在很大程度上重新占领主导地位。

思路转变也是改变链条中的关键一环，企业管理者和普通员工都需要拥抱全新的思维方式。建立一个数据驱动的思维至关重要，要有实时、明确的分类数据，这样就能对竞争对手做出反应，对行业变化做出反应，企业的动作与速度必然越来越快。

（二） 善用大数据，借力物联网

随着数字技术的普及，几乎每家企业都面临着海量数据，如何从这些数据中淘到真金成为考验一家企业是否具有数字化能力的标志。很多企业采集的客户信息越来越多，但它们却不善于利用这些信息。一般来说，企业的数据几乎都是暗数据（暗数据是指那些需要

资金来存储、保护和管理，却没有得到高效利用，不能提升商业价值的内容)，更重要的是，这些数据还分散在多个数据库中，这就使企业难以获得一个完整的客户视图。所以，当客户开始接触那些真正关注客户服务、了解并满足客户需求的企业时，这些缺乏完整视图的企业将毫无竞争力可言。

所以，企业不能总固守过去，而是需要以开放的态度面对未来。企业需要有实时、明确的分类数据，以便对竞争对手和行业领域的变化做出反应。例如，通过在产品中放入传感器芯片收集数据，并改进产品，从而为客户提供更好的服务。

物联网的普及势必将掀起一股巨大的创新浪潮，尤其在制造业产品的价值链中，物联网定会起到举足轻重的作用，因为物联网是"工业4.0"理念极为重要的一环。随着这股创新浪潮的兴起，企业不仅能够打造高效、灵活、模块化和自动化的智慧工厂，还能基于物联网提供另辟蹊径的解决方案，成功转型为利用云计算的增值服务型企业。

（三）全力打造数字化价值链

数字经济为企业创造了许多新的业务机会，且这些机会涉及价值链的方方面面。但是，企业要想抓住那些机会，就必须快速、灵活地利用数据，因为数据是推动数字化业务运营和创造增值业务成果的动力。如今的现状是，价值链由过时的系统、脱节的流程和分散的信息提供支持，毫无疑问，这会让企业在竞争中处于劣势。而且，企业将无法在覆盖多个业务领域的端到端流程中及时制定决策，而流程本身的脱节更会进一步延误策略。

复杂性是整个价值链中亟待解决的问题。然而，随着企业向数字经济转型，并采用物联网、社交媒体及其他外部的结构化和非结构化数据流，整个价值链将变得更加复杂。而要解决这个问题，唯一的办法是，在企业内部构建一个灵活的数字化核心平台。这样，企业就能够对财务、供应链、研发和制造等核心业务流程执行平台迁移，并实时整合业务流程和商务分析，从而实现更智慧、更快速和更简单的运营。借助先进的内存计算技术，企业终于能够摆脱批处理模式下的业务运营，也无须再构建复杂的流程来突破传统技术的限制。事实上，数字化的核心是能帮助企业化繁为简，并释放数字化业务的全部潜能。借助由数字化核心平台驱动的数字化价值链，企业将有机会提升业务价值和优化客户体验。该平台能够支持企业在所有业务领域实时制定决策，是有效执行数字化价值链的重要一环。这样，企业就能够专注于战略性优先工作，而不是花时间维持系统的正常运营。

新技术发展到今天，不仅涌现了许多新兴数字化公司，也促进了一些传统企业的变身。企业应该明白，向数字化转型不是一蹴而就的事，而是任重而道远。必须立即行动，在专业机构的帮助下，逐步打造数字化能力，尽快成为数字化企业。

三、企业创新管理数字化转型的技术趋势

数字化已经深深地嵌入了所有企业。即使技术已经成为组织及其战略的重要组成部分。只有人本身，才能确保企业在一个以前所未有的速度脱胎换骨的世界中立于不败之地。

（一）智能自动：数字时代不可或缺的"新员工"

机器和智能软件将成为企业的新员工，为人类提供新的技能，辅助其完成新的工作，激发无限可能。智能自动最大的威力是从根本上改变了企业与个人的工作方式。机器以其独有的优势与能力使人类工作如虎添翼。随着智能技术的日益完善，它将为人类工作带来前所未有的活力，激发无限可能。现在，企业可以换种方式来完成工作，还可以做与众不同的事。

（二）柔性团队：重塑当今的数字文化

为了紧跟数字时代不断发展的步伐，实现宏伟目标，企业除提升工具和技术方面的硬实力之外，还需特别注意锻造"员工团队"这一软实力。过去，人们的职业技能、轨迹和目标都相对固定。如今，各种行业的企业都在培养"柔性团队"，他们能不断适应环境及自我调整，具有较大的灵活性和较强的应变能力。借力于数字技术，企业员工改变了企业将要做什么，更重要的是怎么去做。

（三）平台经济：由外向内推动创新

行业领军者已不满足创建新的技术平台，而应打造平台化的新经济模式与战略，推动全球宏观经济再一次的深刻变革。未来，无论是否顺势而为向平台化转型，企业都需要在平台经济中找准合适的战略定位。

（四）预见颠覆：利用数字生态系统促进新的增长

精准农业或产业物联网等迅速崛起的各种数字化平台为构建新型商业生态圈树立了典范，激活传统产业转型升级。打造出这些数字生态圈的企业打破了行业疆界，向全新的商业对手发起挑战。以往技术颠覆力量说来就来，不可预测，但如今企业根据生态系统的发展情况就可以预见下一波趋势。企业如果能够立即行动，从确定其在生态圈的独特战略定位创造出新的产品和服务，则有望在这场新的竞争中赢得领先。

（五）数字道德：商业道德与信息安全是加强客户关系的纽带

信任是数字经济的基石。用户不信任，企业就谈不上运营数据的使用与分享。在数字

经济的环境下，用户、生态系统和监管者之间应当如何获得和保存数据呢？坚强的网络安全与道德体系是固守客户信任的强盾。企业需要以产品与服务的创建为起点，认真考虑道德和安全问题。当与客户间建立起长期的信任感时，企业将赢得长久的客户忠诚度。

参考文献

[1] 王洪利．复杂系统仿真的经济管理应用［M］．北京：北京理工大学出版社，2022．

[2] 孙贵丽．现代企业发展与经济管理创新策略［M］．长春：吉林科学技术出版社，2022．

[3] 陈晶．经济管理理论与实践应用研究［M］．长春：吉林科学技术出版社，2022．

[4] 陈昌盛，许伟．数字宏观：数字时代的宏观经济管理变革［M］．北京：中信出版社，2022．

[5] 王业篷，宫金凤，赵明玲．现代经济与管理的多维度探索［M］．长春：吉林人民出版社，2022．

[6] 郑延光．经济管理现代化和经济管理发展趋势研究［J］．品牌研究，2022（25）：58-61．

[7] 辛清念．企业经济管理的创新策略［J］．现代企业文化，2022（35）：61-63．

[8] 陆慧斌．经济管理现代化及经济管理发展新趋势探究［J］．商业文化，2022（11）：34-35．

[9] 魏勇．传统经济管理思想对当代经济管理的影响分析［J］．经济师，2022（9）：294-295．

[10] 胡春钰．现代化经济管理视角下经济管理的发展［J］．大陆桥视野，2022（6）：92-94．

[11] 贾国柱，张人千．经济管理概论［M］．3版．北京：机械工业出版社，2021．

[12] 徐厚宝，闫晓霞．经济管理［M］．北京：机械工业出版社，2021．

[13] 吕振威，李力涛．企业经济管理模式规范化与创新研究［M］．长春：吉林科学技术出版社，2021．

[14] 龚代华．科学决策学派基于独立信息的经济管理模式［M］．南昌：江西高校出版社，2021．

[15] 唐晓乐，刘欢，詹璐遥．数字经济与创新管理实务研究［M］．长春：吉林人民出

版社，2021.

[16] 张景岩，于志洲，卢广斌．现代经济发展理论与金融管理［M］．长春：吉林科学技术出版社，2021.

[17] 邱漠河，余来文，陈昌明．数字经济企业定位协同管理与经营绩效［M］．北京：企业管理出版社，2021.

[18] 程玲．企业经济管理浅析［J］．中文科技期刊数据库（全文版）经济管理，2021（5）：13-14.

[19] 于洁，仲昭明．经济管理现代化和经济管理发展新趋势［J］．商品与质量，2021（30）：235.

[20] 钟文豪．探究经济管理现代化和经济管理发展新趋势［J］．商业2.0（经济管理），2021（13）：157-158.

[21] 李涛，高军．经济管理基础［M］．北京：机械工业出版社，2020.

[22] 姜晓琳，韩璐，杨硕．财务会计基础及经济管理研究［M］．北京：文化发展出版社，2020.

[23] 陈莉，张纪平，孟山．现代经济管理与商业模式［M］．哈尔滨：哈尔滨出版社，2020.

[24] 李雪莲，李虹贤．现代农村经济管理概论［M］．昆明：云南大学出版社，2020.

[25] 莫笑迎．新时代经济管理创新研究［M］．北京：北京工业大学出版社，2020.

[26] 麦文桢，陈高峰，高文成．现代企业经济管理及信息化发展路径研究［M］．北京：中国财富出版社，2020.

[27] 王道平，李春梅，房德山．企业经济管理与会计实践创新［M］．长春：吉林人民出版社，2020.

[28] 叶秀敏，姜奇平．数字经济学管理经济卷［M］．北京：中国财富出版社，2020.

[29] 赵高斌，康峰，陈志文．经济发展要素与企业管理［M］．长春：吉林人民出版社，2020.

[30] 康芳，马婧，易善秋．现代管理创新与企业经济发展［M］．长春：吉林出版集团股份有限公司，2020.